El Lenguaje de los Miedos

Claudia Zablah

guancasco
editorial

El Lenguaje de los Miedos

© Claudia Zablah
Contacto: clauzablah@gmail.com

© Primera edición, 2020: Guancasco Editorial
contacto@guancascoeditorial.com
www.guancascoeditorial.com

ISBN-13: 978-99979-0-505-5
Categoría: Ensayo
Colección: Desarrollo personal
San Pedro Sula, Honduras, C.A.

Edición y corrección: Jairo Mejía Rodríguez
Impreso en Estados Unidos de Norteamérica

Por siempre y para siempre a mis tres hijos:
Sucrie, Krysthel y Samer

En memoria de mi amado y recordado hermano Selim.

Y a todas aquellas personas que han solicitado mis
servicios profesionales y que han confiado en mí.

AGRADECIMIENTOS

AGRADECIMIENTO AL CIELO Y A LA VIDA

Escribir este libro es una experiencia que no me había permitido precisamente por mis miedos, fui la persona con más miedos que he conocido, el miedo era tan fuerte que me cansé de tenerlo.

He tenido más problemas conmigo misma que con cualquier otro ser humano, y de esto se trata, de indagar y sentir tus emociones, conocerte para saber e identificar el dolor.

Con este libro me he atrevido a dejar muchos hábitos que no me permitían la comunicación fluida conmigo misma. Ahora digo mi verdad, la que yo experimento cada día.

Por muchos años he estado en búsqueda de ese paraíso que de niña me pintaban en las historias. Me declaro amante de la alegría, la libertad y la plenitud, desde mi ser deseo que cada ser humano encuentre esa alegría de vivir inmensamente y con mucho peso en mi palabra les puedo decir desde ya que la plenitud, la libertad y la alegría sí son posibles.

A lo largo de mis 43 años he conocido tanta gente, he recibido tanto amor, que no puedo dejar de agradecer a cada una. Por mi mente pasan tantas personas y maestros espirituales a cuales quiero agradecer por sus enseñanzas y el amor que han puesto en mi vida. Sería una larga lista que es difícil enumerarla aquí, sin embargo los llevo en mi corazón y siempre están presentes en mi pensamiento.

Quiero mencionar a las personas que me han orientado e impulsado a escribir ese maravilloso libro, que colaboraron en revisar cada detalle para ser lanzado:

Primeramente a mis tres hijos Sucrie, Krysthel y Samer, quienes me han enseñado el poder de la palabra y su magia, a través de cada uno he aprendido, provocando que una parte de mí se transforme y edifique. Son tres grandes seres extraordinarios que están en la búsqueda de su propia verdad.

Infinito agradecimiento con Samer, mi compañero de vida de hace muchos años. Es una persona que ha comprendido lo versátil de mi personalidad y mis pensamientos. Gracias por traerme un vaso con agua en las madrugadas cada vez que tenía miedo de bajar a la primera planta de mi casa por la oscuridad. Por tu guía y comprensión, por no querer cambiar ninguna parte de mí.

A ti, mi gran amiga de largas charlas, Carolina. Por regalarme palabras de sabiduría que me encienden una luz en el camino. Gracias por todas tus ideas.

Lía, nuestra amistad perdura por años. Gracias por alegrarte y celebrar cada uno de mis logros, por contribuir a la revisión de esta obra y por esas lindas palabras en el prólogo.

La que siempre me saca las carcajadas, mi "Vivi", que me contagias con tu risa y tu pasión por la vida, desde el teléfono y la distancia que nos separan miles de kilómetros, hemos aprendido de tantas historias llenas de sabiduría y enseñanza. Gracias por potenciarme y alegrarme la vida.

Una persona que ha sido ángel en mi camino, mi amada madrina Lima. Es quien tuvo la idea de que este libro debía ser escrito. Gracias por mostrarme tu amor en todos los escenarios de mi carrera.

Tantos amigos y familia que han sido un faro, han aportado grandes ideas a mi vida, esas persona que se han acercado a darme un abrazo y una palabra de aliento, que han abierto las puertas de sus hogares para recibirme cuando me notaban desolada por todos estos miedos que un día invadieron mi cabeza y mi sistema nervioso.

Escribir libros me ha permitido plasmar mis propias experiencias y el conocimiento que he adquirido del ser humano mediante las terapias y clases que imparto con temas emocionales y transformacionales. Soy fiel pensadora de que a través de la enseñanza nuestras ideas se pueden convertir en herramientas que nos ayuden a extraer los complejos, las culpas o el sufrimiento.

A ti lector, gracias por permitirme contribuirte. Espero que esta lectura sea un antes y un después a tu vida, que estas líneas te sean útil para encontrar todo aquello que te ata y vivas en plenitud y dicha.

También, quiero agradecer a mi editor, a Jairo, quien por segunda vez me ha asesorado, aconsejado y colaborado en esta hermosa labor de escritora. Valoro su profesionalismo y su perfeccionismo en el proceso.

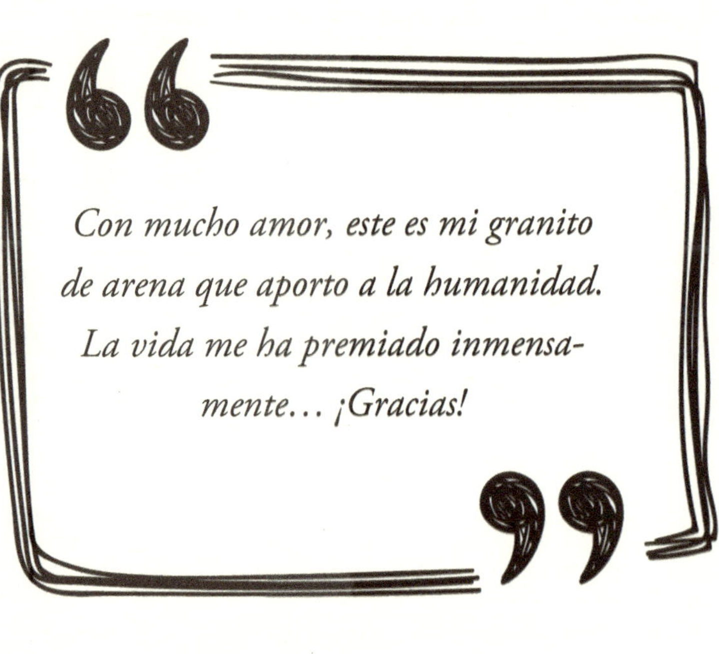

Con mucho amor, este es mi granito
de arena que aporto a la humanidad.
La vida me ha premiado inmensamente… ¡Gracias!

PRÓLOGO

Claramente puedo definir este libro como una herramienta básica de batalla para aprender a vivir emocionalmente saludable. Encontrarás pautas de libertad emocional y sentimental a través de la experiencia de la escritora. Si prestas atención y lees más allá de las palabras, te ayudará en un proceso de autoliberación de identidad.

Frecuentemente te invitará a confrontarte contigo mismo y poner en perspectiva tus prioridades, llevándote a la aceptación de ti en todas tus versiones. Entenderás cuán importante es que te ames y aceptes tal y como eres.

Este libro te hará pensar en todas esas ataduras que te has impuesto. Te ayudará a identificar todos los permisos que has dado a los demás de imponer voluntades ajenas sobre tu vida. Afectando tu individualidad, cambiando tu esencia y dependiendo emocionalmente del qué dirán los demás, y peor aún, dependiendo de los demás, creando limitantes y miedos con los que no naciste.

Para sustentar y reafirmar que **no naciste con miedo** y que además de eso, **ERES PERFECTO**.

Véase los versículos bíblicos citados a continuación:

Dios te formó perfecto en el vientre de tu madre, sin faltar ni una pieza de ti.

Salmos 139:13-16 (Reina-Valera 1960), nos dice:

13 Porque tú formaste mis entrañas; tú me hiciste en el vientre de mi madre.

14 Te alabaré; porque formidables, maravillosas son tus obras. Estoy maravillado, y mi alma lo sabe muy bien.

15 No fue encubierto de ti mi cuerpo, bien que en oculto fui formado, y entretejido en lo más profundo de la tierra.

16 Mi embrión vieron tus ojos, y en tu libro estaban escritas todas aquellas cosas que fueron luego formadas, sin faltar una de ellas.

No naciste con miedo.

Primera de Juan 4:18, nos dice:

"En el amor no hay temor, sino que el perfecto amor echa fuera el temor; porque el temor lleva en sí castigo. De donde el que teme, no ha sido perfeccionado en el amor."

Esta obra te ayudará mucho a saber que las palabras tienen poder, y el uso adecuado de ellas aun en los momentos de profundo dolor, empoderarán tus emociones. Ámate, cuídate, abrázate tú mismo, acéptate tal y como eres, no te compares.

Disfruta de este escrito y de las técnicas de psicología positiva, con tu mente abierta y dispuesto a crear un compromiso contigo mismo de realizar cambios en tu vida. Atrévete a soñar nuevamente.

Fácilmente identificarás palabras claves que serán el secreto en el proceso de tu liberación mental de uno o más miedos: **esperanza y amor**.

Viajarás en el túnel de tus recuerdos, y te encontrarás con tus versiones pasadas, esas menos pulidas, ásperas de inmadurez, inmersas en sueños quebrados, corazones partidos, inocencias arrebatadas, etiquetas, culpas, ansiedades y depresiones. También recordarás las cosas positivas que ayudaron a que superaras esos episodios. Posiblemente, te enfrentarás a otros recuerdos que solamente alojaste en archivos memoriales que querías olvidar, *¡no los escondas más!*, aprovecha la oportunidad de identificarlos, ponerles nombre y sacarlos de tu sistema de una vez, *¡libérate, perdona y sigue viviendo!*

"El lenguaje de los miedos" me permitió ver la increíble metamorfosis en la que la escritora ha sido la protagonista. Movimientos de pensamiento, de actitudes, salir del esquema cultural y convencional al que fue sujeta a programación, superación personal, actitud alegre y desprendida, empresaria, amiga, hija, esposa y madre. Sencillamente rompió todo esquema, y se transformó, se amó a sí misma siendo capaz de amar genuinamente a quienes la rodean.

Me permitió conocer su faceta soñadora, esa que la vuelve vulnerable y guerrera al mismo tiempo. Es un gusto leer su historia de vida. Me complace saber que no solamente es sobreviviente de la guerrilla, o del Río Bravo, sino que es sobreviviente de la VIDA, que ha vivido. Claudia, es como yo, una resiliente.

Estoy convencida de que cada mujer y hombre lleva un instinto de supervivencia que se activa consciente o inconscientemente solamente cuando estamos en riesgo, y la catarsis natural en la que transformamos lo negativo en positivo es posible, y solo necesitas para ti mismo. Este libro te ayudará a despertar la semilla de grandeza que está en el interior de cada uno.

En "El lenguaje de los miedos", Claudia Zablah pinta un apasionante cuadro del impacto que una mujer empoderada, con situaciones de vida cotidiana, puede tener en sus esferas de influencia, desde su vida como infante hasta su vida actual. Quienes lo lean estarán influenciados a vencer los límites en sus vidas y aferrarse a ser libres.

¡Acepten el reto de transformar sus versiones pasadas por una mejor, hoy!

Dicha, esperanza, amor y paz.

Lía Antúnez
Resiliente

¿Quién te Dijo que Tener Miedo era Algo Malo?

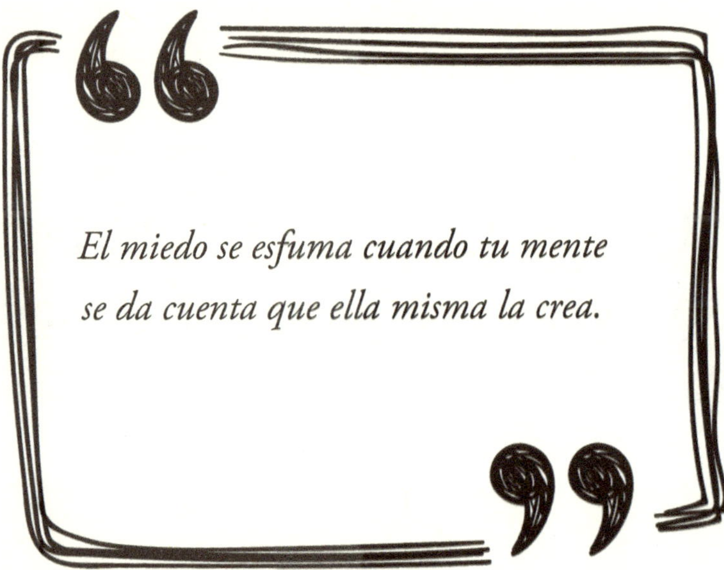

El miedo se esfuma cuando tu mente se da cuenta que ella misma la crea.

Lo que Aprendí de mi Pasado

Un extraño día de 1985, abro los ojos y siento en mi rostro el resplandor del sol que entra a través de unas ventanas. Observo el techo de mi habitación, ya no es el mismo, está pintado de otro color. Hago un movimiento leve con mis manos, jalo las sábanas, eran distintas, con una textura diferente a lo acostumbrado. Giro mi cabeza hacia la derecha, y logro ver veinte camas de dos pisos. Luego giro mi cabeza hacia la izquierda, sigo viendo el mismo escenario. Me siento en la cama y mis piernas quedan colgando. Me doy cuenta que me encuentro en la parte superior de una cama de dos pisos. Observo desconfiada quién está durmiendo en la parte inferior, y veo a mi madre acostada boca arriba.

Se asoman las interrogantes en mi mente:
¿Dónde estoy? ¿Quién soy? ¿Por qué estoy aquí?

Tuve la impresión de haberme levantado en un espacio que pertenecía a otra dimensión, con la sensación de estar desubicada. Increíblemente, de la noche a la mañana aparecí en un refugio político, ubicado en Houston, Estados Unidos de América.

En ese refugio, lo que había de sobra era: soledad, incertidumbre, y esperanza. Esa esperanza de la que hablo, estaba disfrazada en unos ojos grandes, soñadores y alegres que poseía una niña de apenas ocho años de edad (yo), con cabello negro y corto, con un flequillo de caricatura en la frente, muy hablantina y amistosa, distraída, disléxica de nacimiento (decían mis maestros), una soñadora empedernida y con la mirada inocente que cualquier niña posee a esa edad.

De repente mi vida había girado por completo, me había convertido en una refugiada, fugitiva, y estaba a expensas de quien quisiera donarnos: comida, compasión, ropa, amor y dinero para continuar nuestro camino.

Habíamos llegado al refugio gracias a los contactos de mi madre, pero antes estuvimos en México por tres meses esperando a que los coyotes[1] "nos pasaran al otro lado".

---

[1] Personas a quienes se paga para que te ayuden a cruzar al otro lado del río, en la frontera entre Estados Unidos y México.

Estuve literalmente tres meses escondida, hablando en voz baja por miedo a que los vecinos escucharan que había gente en ese apartamento. A los ocho años de edad aprendí a bajar la voz para no ser escuchada; aprendí a esconderme para no ser vista y aprendí a no pedir para no parecer vulnerable. Todo era prohibido, absolutamente todo, desde alzar la voz, hasta ser libre. Estábamos escondidas para sobrevivir y poder pasar al otro lado de la frontera.

La vida nos había cambiado de una forma a otra. De repente ya no había arcoíris en el cielo, la cometa que alzaba a volar por las tardes quedó guardada, al igual que las ilusiones y los planes de Navidad en familia.

En ese apartamento, el tiempo pasaba sin darme cuenta, los días eran largos y todos se parecían al día anterior. Sentía la asfixiante desesperación de no poder ver a mis hermanos y a mi familia. Extrañaba todo de mi casa: el olor de mi habitación, las risas de mis tíos que fueron como mis padres, el abrazo de mi abuela y su mirada angelical, sus manos y su voz llena de amor para mí. **Aprendí a extrañar sin llorar y sin decirlo**, sin poder expresarme, no tenía permitido estar melancólica. El objetivo era la supervivencia, llegar intactas al destino donde mi madre consideraba que íbamos a hacer una nueva vida.

Al pasar esos largos días, semanas y meses, llegó el gran momento de cumplir nuestra misión, cruzar el famoso "río de los desdichados"[2]. Me había convertido en una emigrante, sin papeles, sin casa, sin familia, a manos de unos desconocidos que podían arremeter contra nosotras.

Cuando llegó el día indicado, nos levantamos de madrugada, agarramos unas mochilas, mi madre me sujetó de la mano y empezó la aventura. Salimos de ese apartamento, miré hacia el cielo y todavía estaba intensamente oscuro… oscuro e inmenso como inmensa era mi ansiedad de saber qué iba a pasar. **El miedo atrapaba mi corazón**, y este latía fuerte y alteradamente rápido.

Agarrada de la mano de mi madre llegamos al caudaloso río, y podía escuchar el cantar de los insectos nocturnos, algunas ranas y roedores en los matorrales a la orilla. Se sentía una abrazadora soledad, debíamos guardar silencio, por ningún motivo podíamos estornudar, llorar, so-

---

[2] Río Bravo (en México) o Río Grande (en EUA), conocido como "el cementerio del sueño americano", ubicado en la frontera entre México y los Estados Unidos de América.

llozar; todos los movimientos tenían que ser fríamente calculados.

Luego de avanzar cautelosamente, llegamos al misterioso río. De lejos, se miraba la otra orilla. A pesar de la abrumadora oscuridad, la noche nos regalaba en aquel momento el brillo sereno de la luna.

Los coyotes, le dijeron a mi madre que ellos debían cargarme para pasarme, que no se preocupara, que todo iba a estar bien. Mi madre jaloneó de mi mano como en un arrebato de miedo, no quería desprenderse de mí. Me subieron en la espalda de uno de ellos y lentamente a paso corto, en silencio y firme, íbamos pasando.

La escena era pavorosa, el agua llegaba hasta la cintura del señor que me cargó, caminó durante los diez minutos más largos de mi vida. Y ahí iba yo, colgada de un desconocido en un río que estaba geográficamente en algún lugar de mi pequeño mapa mental del mundo, en una vida trasegada que no era mía. Yo debía estar en mi casa jugando, durmiendo junto a mis otros dos hermanos, no ahí con personas extrañas pasando un río, en **una de la noches más oscuras que mi vida tuvo.**

Cerraba los ojos con fuerza y lograba escuchar el movimiento del agua fluyendo en su cauce, también sentía el viento susurrando calma en mi oído, y a lo lejos lograba percibir los ladridos de un perro. Al abrir de nuevo mis ojos, quedé asombrada ante los destellos de las luciérnagas danzando en la atmósfera, ocultando temporalmente aquella realidad en mi pensamiento. Mis sentidos se agudizaron. **Sentí y escuché toda la soledad de una noche resumida en aquellos diez minutos de mi vida.**

Por fin, concluimos la faena, llegamos al otro lado del río. Me pusieron en tierra firme y me susurraron al oído que debía cambiarme de ropa, porque en la caminata que íbamos a hacer ningún poblador de la zona podía verme con mi vestuario mojado. En breve, cambiamos las prendas mojadas por unas secas. Procedimos a caminar entre los arbustos, notaba muchos patios de casas. Avanzamos aproximadamente durante una hora, en fila y alertando con el dedo índice sobre los labios, requiriendo silencio: no hablar, no respirar fuerte, no pisar con ímpetu las hojas caídas en el suelo.

Logramos llegar a pie hasta un lugar donde nos esperaba un vehículo al cual subimos sigilosamente. Ya casi amanecía, el cielo se aclaraba, se empezaba a escuchar el trinar de los pájaros. Alcé los ojos y miré el cielo, me dio la impresión que ya todo había pasado, pero solo era una vaga sensación, porque la verdad, esto era solo el comienzo de mi historia.

Por varias horas, viajamos por carretera con desconocidos, con quienes coincidimos en el trayecto. Mi madre y ellos hablaban mucho, pero realmente no recuerdo de qué se trataba la plática, lo que sí recuerdo es el semblante de ella, proyectando serenidad, con expresión de que todo estaba bien, como una noble guerrillera.

Logramos llegar a nuestro destino. Entramos al lugar utilizado como refugio político. Nos dieron la bienvenida unas monjas con rostros angelicales. Me preguntaron si tenía hambre y pidieron que me guiaran al comedor, donde podría alimentarme.

Después de la bienvenida, mientras sosteníamos en nuestras manos unas toallas limpias y bien dobladas que nos entregaron, nos indicaron dónde íbamos a dormir. Al acercarme y detenerme frente a la cama que me asignaron, observé que era de dos pisos, y en ese justo momento **comprendí que mi vida había cambiado para siempre, que me había convertido en otra persona**, que mi vida ya no iba a ser igual, que todo había quedado atrás. Con inocencia e ingenuidad, me vino al pensamiento que si yo lo decidía podría hacer nuevos amigos en ese lugar.

La jornada terminó. Fue un largo día, pasamos por una odisea, pero pudimos al final estar en un lugar seguro. Logramos tener paz y nos fuimos a descansar. Dormimos como nunca antes lo habíamos hecho.

Al día siguiente, justamente a las cinco de la mañana, puntualmente sonaba una campana que nos despertaba a todos. Había personas de diferentes edades y nacionalidades, estábamos en guerra[3]. A estas personas, por algún motivo su gobierno les había dado la espalda. Para algunos, traidores de la patria, para otros, personas valientes que no iban a seguir soportando el yugo de una doctrina llena de mentiras.

En aquel lugar, tenían horario para todo: para ducharse, para los tiempos de comida, para el estudio, y para practicar algún deporte.

Al formar parte de aquella comunidad, me correspondía integrarme en su sistema educativo, por lo que me inscribieron en clases de inglés. Estaba asignada con un

---

[3] Esto fue en la época en que algunos países centroamericanos estaban en búsqueda de su identidad.

profesor que era colaborador social y llegaba dos horas diarias a impartir la materia. No recuerdo su nombre, pero sí recuerdo los ojos con que me miraba, eran ojos de cariño. Estuve muchos meses cerca de él, recibiendo clases, y nos llegamos a tener mucho afecto. Diría que me lo gané con mis ocurrencias y mis disparates.

Conforme pasaba el tiempo, me di cuenta que al refugio llegaban a donar comida y ropa. Cada vez que llegaban los camiones repartidores, yo sentía que nos visitaba Santa Claus, me sentía tan feliz porque pasaba horas buscando atuendos para mí en esos grandes sacos de ropa usada que nos llevaban. Para mí, eran mis navidades una vez al mes. Tenía suerte, como era delgada todo me tallaba bien y podía elegir casi cualquier prenda.

Arribaban donaciones de todo tipo de chucherías[4]: chocolates, bebidas en lata, para repartir. Y verdaderamente esa era la alegría de mi vida en esos días, mis ojos se iluminaban porque tendría más ropa y más chocolates.

Tomando en cuenta lo anterior, recuerdo que mi madre, me hizo adueñarme de una palabra: **DICHA**. Esta me ha acompañado toda mi vida. Hasta el día de hoy, mi cora-

---

[4] Bocadillos, botanas, aperitivos, *snacks*.

zón ha estado lleno de esa bendita palabra, el mejor regalo que ella me pudo haber dado.

Durante el tiempo que estuve en aquel lugar, me sentía dichosa: con lo que me regalaban, con mi profesor de inglés, con mi nueva cama, por mis nuevos amigos, por mi nuevo hogar. Miraba a mi alrededor y todo se había convertido en una hermosa dicha.

Es indescriptible la libertad que sentía al poder correr en el campo del refugio, un espacio con grama verde en la cual solía brincar como saltamontes, dar vueltas sobre la hierba y aspirar profundo la harmonía que se percibía, como si de magia se tratara.

Forjé amistad con personas de varias nacionalidades, hacíamos fogatas, contábamos historias, yo les divertía con mis ocurrencias y mi capacidad de soñar. Es que en realidad, siempre estaba soñando, inventando e imaginando. Fui feliz dentro del caos, me sentía dichosa aún con limitaciones. Miraba el sol brillar todos los días.

Mi madre me llenaba de palabras como **dicha, esperanza** y **sueños**, nunca dejó de mencionármelas. Ella me edificó con esas palabras, creando una bella realidad exclusivamente para mí.

En una plática con mi madre, me dijo: "Hija qué dichosa eres. Mira tus amigas, las que quedaron en el otro país, no tienen este campo verde, no comen chocolates todos los días, no conocen otra gente como tú. Tu vida está llena de aventuras. Tienes la dicha de estar en uno de los mejores países del mundo. A ver hija, ¿cuántas personas quisieran estar en tu lugar?". Recuerdo que así ella me potencializaba, a tal punto que nunca percibí lo que realmente estaba viviendo. Fui la típica niña inmigrante, que por unos meses vivió de la bondad de otros, fui la niña que muchos miraron con piedad sin que yo lo notara, porque me edificaron con historias positivas, para que yo viviera desde la alegría, desde la dicha y desde la esperanza, no desde la lástima y la miseria humana.

A través del lenguaje, ella me ancló a la felicidad, a disfrutar el aquí y el ahora, a vivir el presente con toda la expresión de la palabra. **Aprendí a gozar de lo que tengo y no de lo que me hace falta.**

El Origen de los Miedos

Lo que leíste en el segmento anterior, es una pequeña parte de mí, sobre el origen de mis miedos, que me mantuvo hospedada en una jaula, con muchos problemas emocionales y mentales, creyéndome inferior a otros, mirándome como una nada, y con la sensación constante de que algo malo estaba por venir, mi alma pasaba con expectativa y en alerta de modo inconsciente.

Durante varios años, la suerte se había alejado de mi lado, no era mi mejor aliada. Por lo menos, eso es lo que yo sentía durante treinta y ocho años.

Ahora bien, en mi primer libro, "Revolución Mental", inicié narrando mi historia. Por esa razón, en este libro decidí continuar, y la cuento en fragmentos porque así ha sido mi vida, llena de pedazos cortos y otros largos, pedazos lindos, pedazos tenebrosos y pedazos de amor.

Esta historia es especial, porque en ella narro el momento y el lugar donde aprendí a tener miedo, donde me di cuenta que los miedos existían, donde se ancló mi vida, donde fue el clic y el detonante de muchas decisiones que tomaría más adelante. Fue así que entraron esos miedos que nunca se fueron. Siguen ahí, latentes en mí.

Mis miedos son cínicos, por más que les he pedido que se vayan, no lo hacen y se quedan, así que decidí dejarlos aquí conmigo, que sean los acompañantes en mi camino, solo que por momentos los silencio con mis decisiones, a veces los callo con mi coraje, los calmo con mi éxito, les enmudezco la voz con mis ganas de salir adelante, los aparto con mi testarudez de seguir y seguir, y los intimido cuando me conecto con mi esencia y mi propósito de vida.

Miedos benditos que me han hecho rebelde y no he permitido que me opaquen. Aunque lo haga con cierto recelo, los abrazo, porque ya son parte de mí. Los invito a que tomen el café conmigo, les platico y los dejo ser. En muchas ocasiones pareciera que ellos ganan, pero cuando veo el avance, me despierto y salgo a la vanguardia. Pasamos en una constante competencia, a ver quién opaca a quién. ¡Ja! Miedos míos, son tan testarudos como lo soy yo.

Mis miedos los convertí en mis mejores aliados. Bien dice un dicho: "Si no puedes contra el enemigo, únetele". Pues eso hice, unírmeles, y en vez de reprocharles por qué están ahí, les pido que me ayuden en mis decisiones, que sean ellos el botón de alerta. Debo mencionar que estos miedos míos son abusivos y dan muchas señales de alerta, pero soy yo quien decide a cuáles alertas hago o no caso.

Vivimos Varias Realidades

Entre tantas historias de vida, hay una en particular que me parece tan semejante a la pequeña anécdota que te compartí sobre mí. Es una historia convertida en película, llamada "La vida es bella" (*La vita è bella* en italiano), la cual fue escrita, dirigida y protagonizada por el italiano Roberto Benigni.

Si tienes la oportunidad de verla, y si le pones atención al mensaje implícito, notarás que es una película con una reflexión muy filosófica. Para mí, es un melodrama. Ver esa película, toca emociones tan profundas que en medio de la risa se puede llorar mientras observas a un amoroso padre utilizando su fértil imaginación para crear una fantasía a su hijo, para que no viviera lo terrible de la época[5].

---

[5] La historia comienza en el año 1939, en pleno ascenso del fascismo en Italia, con un antisemitismo extremo.

Algo muy interesante, es su inicio, pues se escucha nada más una voz que dice: "Esta es una historia sencilla, pero no es fácil contarla. Como en una fábula, hay dolor, y como una fábula, está llena de maravillas y felicidad".

El argumento de esta película es sobre la vida de Guido, un italiano sencillo de origen judío, que se enamora perdidamente de Dora, una mujer de buena familia que estaba comprometida con otro hombre. Después de la insistencia de Guido por conquistarla, escapan juntos y forman una familia. Con el tiempo, llega a sus vidas un hijo, a quien llaman Giosuè (Josué, en castellano).

En la celebración de un cumpleaños de Giosuè, la familia es capturada y deportada a un campo de concentración, por el origen judío del padre e hijo. Dora pide ir con ellos cuando son apresados, pues son separados y desconoce su destino.

De camino al campo de concentración, Guido le dice a su pequeño hijo que para celebrar su cumpleaños ha organizado una excursión y un gran juego, donde tendrá que obtener mil puntos para conseguir como premio un inmenso y auténtico tanque de guerra.

A pesar de la fragilidad de la historia en ese contexto, Guido consigue que Giosuè siga creyendo en la trama del juego haciendo frente a muchas incidencias, peligros y ataques en el campo de concentración.

El padre logra tener la capacidad de hacer que su hijo vea solo cosas agradables frente a un mundo de horrores, mostrando que es posible ser feliz ante situaciones conflictivas y difíciles.

Gracias a esa sugestión, por la cual Guido acaba sacrificándose, el niño sobrevive. Giosuè, que finalmente se reencuentra con su madre, después de que es abandonado en el campo por los nazis, un tanque aliado entra triunfante y su conductor se trae consigo a Giosuè, el cual con su inocente ingenuidad, queda encantado por haber logrado lo que su amado padre le prometió. Hizo todo lo necesario para acumular aquellos mil puntos y obtener el premio, un auténtico tanque.

Si desentrañamos la esencia de esta obra, que para mí es la clave filosófica, **"La vida es bella"**: **Es un relato lleno de superación, belleza, tristeza, alegría y un ejemplo a seguir.** Demuestra que puede haber **muchas realidades**, pero hay una forma inteligente y creativa de afrontarlas.

Esta es quizás, la teoría que puede ayudarnos a tener una mejor forma de vivir.

Esta historia, nos muestra una vez más cómo cada ser humano tiene la capacidad de convertir una experiencia negativa en una oportunidad de aprendizaje.

Esta magnífica obra predica que la vida es bella porque el milagro no está en los hechos, sino en los ojos que lo descubren.

"Con voluntad se puede hacer todo, yo soy lo que quiero."
Frase tomada de la película 'La vida es bella'.

El Objetivo de Este Libro

Querido lector, este es un texto con un lenguaje sencillo, con el fin de explicar cómo se generan los miedos y se posicionan en nuestra mente, te revelaré cómo los aprendemos.

Frecuentemente nos encontramos con audiolibros, libros impresos/digitales y explicaciones muy técnicas de las cuales no logramos conectar los conceptos sobre este tema tan importante. Lo que tienes en tus manos, esta obra, es un regalo donde explico mi teoría, desde mi experiencia, de esta emoción llamada miedo y que ha sido la emoción que ha mantenido a la humanidad viviendo en zozobra emocional, con: ansiedades, dependencias, falta de sentido, vacíos, y con muchos prejuicios. Todo esto, creado a través del miedo que paraliza nuestro trayecto de crecimiento en esta tierra.

Te doy la bienvenida a mi mundo. Desde mis libros abro mi vida y mis sentimientos con todo lector. Disfruta, cada párrafo, cada historia y permítete por medio de la lectura, sanar todo aquello que algún día te ancló en una vida llena de quejas, lamentos, tristeza, falta de autoentendimiento y desesperación.

Si has llegado hasta aquí, significa que este libro es para ti, hubo una palabra o una frase que te ha enganchado, y te pido que por esta vez, leas hasta el final, este es un libro terapéutico hecho con mucho entusiasmo, donde su único objetivo es **llevarte, si tú lo permites, a ser consciente de tus emociones para poder transformarlas**. Una vez que comprendas cómo adquirimos o aprendemos los miedos en nuestro sistema de creencias, **vas a poder definir cada emoción e identificar en qué lugar y momento de tu vida la aprendiste**. Una vez logrado eso, podrás transformar y utilizar todas tus emociones a tu favor.

¿Utilizar el miedo a mi favor?
Imagino que te suena poco común. Esto es lo que por años me ha sostenido.

¿Cómo Aprende tu Mente a Tener Miedo?

▪ *Nacemos sin Miedos*

Los humanos nacemos libres… libres de prejuicios, de miedos y de complejos. No nacemos teniendo miedo.

A través de un experimento clásico en Psicología, se demostró que el miedo se aprende, que el miedo es adquirido.

Se realizó un voluntariado investigativo, en el cual pusieron a prueba a un niño de once meses de edad. Lo dejaron jugar con una rata de laboratorio, ante la cual no mostraba temor alguno. Tampoco se asustaba ante la presencia de otros animales con pelaje, como un conejo o un perro. Pero la incógnita era si se podría lograr que este niño temiera a la rata si hacían un ruido particularmente fuerte que le asustara mientras jugaba con ella.

Provocaron un estruendo golpeando con un martillo una barra metálica fuera de la vista del infante. Después de repetir esa acción unas siete veces, el sobresalto que experimentaba el pequeño al oír el ruido mientras jugaba con la rata, hizo que empezara a temer al roedor incluso en ausencia del molesto estruendo. No solo eso, el bebé generalizó su miedo ante un conejo y un perro. Habían provocado en el niño lo que los psicólogos denominan un "miedo condicionado".

Aunque ese experimento sea un ejemplo clásico de cómo aprendemos a tener miedo, casi todos tememos a cosas aparentemente neutras, a las que hemos asociado un hecho negativo.

Casi un siglo después del clásico experimento, una investigación explica cómo el cerebro es capaz de ligar el recuerdo de dos experiencias (oír un ruido y jugar con una rata, en el caso del niño), para que posteriormente se despierte una sensación de temor persistente y difícil de eliminar.

En definitiva, el miedo a la rata quedó instalado en su sistema inconsciente hasta que creció, nunca se cuestionó dónde aprendió a tener miedo a una rata o un animal que tuviera pelaje. De esta manera vamos creciendo, con miedos infundidos que aprendimos en nuestra niñez y quedaron asentados para siempre, viviendo en 'modo avión', en 'piloto automático'.

Vamos por la vida con miedos sobre nuestros hombros, sin cuestionar dónde, cuándo y en qué momento aprendimos a tener miedo: al fracaso, a las críticas, al amor, al éxito, a que se rían de nosotros, a que hablen a nuestras espaldas, a ser señalados, a parecer tontos, a no encajar en una sociedad injusta que nos exige ser y vernos perfectos ante los demás.

Dónde fue que aprendimos a sentir esta cantidad de emociones y pensamientos que no han hecho otra cosa más que mantenernos a manos atadas, sin poder vivir plenamente, despertando con vergüenza, con ganas de ser alguien más, excepto quienes somos.

Dónde fue que aprendimos a burlarnos de otros. Dice mi escritor favorito, Alejandro Jodorowsky, que el niño aprende a rechazar hasta que un adulto le enseña a hacerlo.

¿MI YO O EL YO QUE LOS DEMÁS QUIEREN?

CUANDO TENÍA DIEZ AÑOS DE EDAD. En algún momento, escuché a familiares míos criticar mi forma libre de ser, en cosas tan simples como bañarme bajo la lluvia. En ese instante aprendí a tener miedo a la crítica. Me sentía rechazada, no comprendida y fuera de contexto.

Luego, por muchos años, todo lo que hacía era para encajar en un grupo, buscaba a toda costa no ser criticada, aprendí a no ser yo misma para no ser rechazada, aprendí a hacer las cosas supuestamente perfectas para no dar de qué hablar a mi familia o a mis amigos, aprendí a vivir desde afuera, desde el agrado a los demás, desde divertir para encajar y ser aceptada, **aprendí que yo no era suficiente.**

Mis mil máscaras y mi yo, me tenían con las manos atadas, a tal punto que no sabía descifrar muy bien quién era yo. Algunas de mis decisiones eran tomadas por opiniones externas. Es lo que aprendí inconscientemente con todas estas **experiencias que a lo largo se convirtieron en creencias**[6].

El resultado, fue perderme para posteriormente reencontrarme y reconstruirme a mí misma, desde mis propias creencias, desde mis propias convicciones.

La vida me dio la oportunidad de descubrir y utilizar el cuestionamiento, y desde ahí decidí construir mi **yo deseado**, para vivir a mi manera, fluyendo desde mi autenticidad.

En este libro encontrarás las herramientas necesarias para desaprender todo lo que no te permite crecer y poder edificar tu **nuevo yo**.

---

[6] Las creencias son las normas de nuestra vida, las reglas según las cuales vivimos. Reglas que pueden ser potenciadoras o limitantes.

El Origen no Puede Determinar tu Futuro

Cuando Tenemos Miedo al Miedo

Nadie decide cómo nacer, ni escogiste a tu familia, mucho menos tu color de piel o tu sexo, sin embargo puedes escoger en este momento en un estado pleno de conciencia, quién quieres ser, aun con todo lo que han programado en tu sistema inconsciente y todo lo que te enseñaron.

Pudiste haber aprendido, no obstante también puedes desaprenderlo. Muy bien sabemos que no todo está dicho. Naciste dentro de una familia que te enseñó según sus creencias y modo de vida, sin embargo permítete cuestionar cada emoción que viene a tu mente, diviértete contigo mismo, recordando dónde y cuándo fue que adquiriste o aprendiste todos esos miedos que ahora tienes situados en tu inconsciente[7].

---

[7] El inconsciente es una memoria que no se da el lujo de olvidar.

A quién modelas cuando tienes ese miedo al fracaso o al éxito, a quién modelas cuando estás constantemente buscando ese amor que te haga feliz sin permitirte gozar de ti mismo primero, a quién modelas o imitas comportamientos. Cuando alguien te maltrata y agachas la mirada, ¿dónde aprendiste a no alzar la voz?, ¿dónde fue que te enseñaron a seguir las masas?, ¿dónde fue que te enseñaron a no ser tú mismo?

No importa qué te dijeron que eras, yo te aseguro que tú eres mucho más que eso, mucho más que tus miedos, mucho más de lo que te dijeron que eras. Te puedo asegurar que eres todo lo bueno que un día pensaste, pero dejaste de pensarlo así, te abandonaste por algún comentario negativo que alguien hizo sobre ti o por **miedo al miedo**.

La Niñez tiene una Memoria que Crea tus Creencias

Hace un tiempo atrás, tuve la oportunidad de darle consulta a un hombre que me buscó para resolver un problema que él pensaba que lo tenía limitado en su diario vivir, algo que llevaba consigo más de cuarenta y tres años sin resolver y le había causado inconvenientes en el ámbito profesional y dificultades de pareja.

Él tenía un hijo de diez años edad, en el cual empezaba a notar características actitudinales muy similares a las que él poseía.

Era un conflicto que le había traído muchos altibajos en su vida, y era algo aparentemente sencillo. Era el miedo a hablar, pero no miedo de hablar en público (este es otro), él tenía miedo a comunicarse, a hacer valer su palabra, a expresar sus emociones (cómo se sentía), a cuestionar.

Casi todo el tiempo permanecía callado, muy pocas veces se le escuchaba su voz. Era un hombre de pocas palabras y solo hablaba cuando se sentía en extrema confianza, ya sea ante su familia o amigos muy cercanos.

Físicamente, era un hombre alto, delgado, con una postura corporal de timidez, los brazos a menudo los tenía cruzados. Observé que cuando estaba cerca de una pared se apoyaba en ella, cuando platicaba no podía sostener la mirada hacia los ojos.

Después de una larga conversación con él, iniciamos una sesión de terapia basada en programación neurolingüística. Él quería saber la raíz de su silencio, porque no era capaz de comunicarse fluidamente sin sentir que debía permanecer callado.

Recuerdo que mientras él me comentaba sobre su conflicto, sus palabras eran cortas y hacía muchos ademanes y gestos con sus manos, era como que si quisiera que las palabras salieran a través de sus manos. Lo observaba detenidamente: sus movimientos, su mirada… era una profunda mirada de inseguridad.

Mientras seguíamos conversando, él relataba una y otra vez su conflicto, pero sin revelar mucho, tuve mucha paciencia porque él mismo no tenía la capacidad de sostener la conversación, las palabras no le fluían naturalmente, a pesar de ser un hombre muy exitoso en su vida profesional.

Después de muchas preguntas y muchas respuestas reveladoras, decidí irme a **la raíz del problema: Su niñez**. Le dije que me narrara todo sobre su niñez, que fluyera con la imaginación y me describiera cosas que él consideraba importantes, y bueno, cosas que también no parecieran importantes.

Se relajó, y comenzó a relatarme su relación con su madre, al parecer era con quien más tiempo compartía. Una madre de carácter fuerte, un poco escandalosa, divertida, protectora, que se atrevía a ir a la escuela y pedir a los compañeros de él que le ayudaran con las tareas que no terminaba, o que le facilitaran todo en cuanto a sus asignaturas. Una madre que hablaba por él, cuando quería decir algo su madre reaccionaba y respondía por él.

Reflexionó y me dijo: "Recuerdo que mi madre me enseñó a mentir. Sí, a mentir". Y mientras lo decía, lo hacía con una sonrisa, recordando con gracia las acciones de su madre.

Continuaba diciendo: "Mi padre, era un hombre de carácter imponente, territorial y celoso. Mi madre una mujer joven y llamativa, a la cual no le permitía ir a muchos lugares a solas, ni siquiera al supermercado, o al salón de belleza. Él siempre quería saber dónde se encontraba ella. En esos tiempos no había teléfonos móviles, ni nada de la tecnología actual. Y recuerdo que todas las ocasiones que salíamos, mi madre me señalaba con el dedo índice, se inclinaba hasta llegar a mi rostro y me decía muy seria: ¡No hables, tienes prohibido hablar! Cuando papá pregunte algo, tú te callas, yo seré la que conteste y tú vas a reafirmar todo lo que yo diga".

Luego de narrarme todo eso, hubo un silencio notorio en el ambiente durante casi un minuto. Enseguida las pupilas de sus ojos se dilataron, los ojos se le pusieron brillosos, y su mirada estaba como en transe recordando y reviviendo la emoción de aquel lejano momento de su niñez.

Pronto, reacciona y dice: "¡Guau! Mi madre me condenó a callar para siempre. Ahora lo entiendo todo, ahora todo tiene sentido. Mi madre me amaba, pero manipuló mis palabras y no me permitió hablar. Lo más preocupante de todo esto es que el mismo cuadro mental se lo estoy transfiriendo a mi hijo de apenas diez años. Se repite la historia. Y esto no me gusta."

Cuando este hombre identificó dónde había aprendido a callar, fue como encontrar las llaves que abrieron el candado que sujetaba las cadenas que lo tenían atado. Cuando esto pasó, su rostro se iluminó, su mirada cambió de expresión, su postura corporal cambió inmediatamente, soltó las manos, se puso más erguido. Al terminar la sesión me expresó que sentía que había llevado cargando por años una mochila llena de complejos, miedo, timidez. El no poder expresarse con palabras lo había convertido en alguien nulo, como que no existiese.

Este hombre se desprendió de toda esa carga innecesaria y se sentía liviano, emocionalmente ligero, con ganas de expresarse, de decir lo que sentía, de utilizar su lenguaje para comunicarse debidamente. Y eso lo hacía concebirse más seguro, más valioso, sentía que el mundo era de él, que nada ni nadie lo podía detener para hacer las cosas que un día imaginó. Se dio cuenta de que el **lenguaje es muy necesario para obtener todo aquello que un día deseamos**. Hicimos el trabajo. Él se esforzó mucho para edificarse, aprendió el arte de cuestionarse y descubrirse.

Pasaron algunos meses. Me contactó por teléfono y me aseveró que su vida había tenido un giro positivo, que había cambiado ese trabajo que tanto odiaba y no era capaz de renunciar por el simple hecho de no poder comunicar y manifestar todo aquello que le molestaba. Ahora no solo aprendió a comunicarse con los demás, también logró hacerlo consigo mismo. Decía constantemente que **su vida había cambiado por un pequeño hallazgo**, un insignificante descubrimiento que tuvo grandes complicaciones en su vida personal.

Durante la llamada telefónica, noté algo diferente. Su léxico era constante y fluido, con una voz más segura y fuerte. Con solo escucharlo, noté el cambio lingüístico. Era como conversar con alguien muy distinto a aquel hombre a quien asistí terapéuticamente un tiempo atrás. Todo esto fue un logro obtenido gracias a él mismo. El trabajo emocional, él se lo permitió y él se lo descubrió, a través del autocuestionamiento.

La Congruencia

◾ *Hacemos Propias las Palabras de Otros*

CADA VEZ QUE LOGRO VER cómo las personas despiertan y se anclan desde la **posibilidad** de realizar algo en sus vidas, logro conectarme con mi verdad y mi congruencia. Es por esto que amo mi trabajo y lo que hago, porque logro conectarme con las historias de las demás personas y siempre hay algo en mí que se transforma o cambia.

Si hay algo que tengo claro es que entre más congruencia tengo como persona, fluyo de manera natural permitiéndome ser quien soy desde la **autenticidad**.

Quiero hablarte de este tema que es tan importante para mí: la **congruencia**. Esta ha sido una palabra que ha rondado mi cabeza los últimos dos años, logrando comprenderla, y más que comprenderla, viviendo en congruencia.

Debo confesar que no ha sido fácil, muchas veces no hago lo que digo, ni tampoco lo que quiero. Y claro, por supuesto que me doy oportunidades y empiezo de nuevo sin juzgarme, solo dándome otra oportunidad para comenzar de nuevo.

La programación en la humanidad ha sido precisamente esta, no vivir desde la autenticidad, desde la congruencia de los pensamientos, de ser así, serás señalado, juzgado, criticado, y rechazado.

Como he aseverado antes, nacemos libres y sin prejuicios. Sin embargo, a medida que transcurren los años, nos vamos infectando por palabras que nos hemos apropiado, como la única verdad, llegando a condenarnos sin antes cuestionar si todas estas palabras que tenemos en nuestro vocabulario son realmente nuestras o de personas cercanas a nosotros.

Recuerdo que cuando era niña, me decían:

"Debemos ser fuertes"
Esto me enseñó a ser rígida y no demostrar debilidad, tristeza o inseguridad, a no dejar fluir mis emociones.

"Debemos estar siempre muy bien vestidos para que nadie nos mire mal"
Esto me invitaba a vestirme no para mí, sino para otros.

"No hay que ser mal educados"
Esto me condenó a decir sí a todo, y a quedarme en lugares que mi alma se sentía incomoda, cuando realmente quería 'mandar al carajo'[8] a muchas personas.

"Mejor quedarse callado y no discutir"
Esto me obligaba a callar y a no defender mi postura por miedo a crear controversia e incomodar a los demás.

"En la vida todos llevamos una cruz"
Esto me hacía pensar que yo llevaba una cruz a cuestas y que el sufrimiento era algo normal.

"La vida es de sacrificios"
Solo con leer la palabra sacrificio, ya que me siento cansada. Esto me incitó a hacer todo por sacrificio y no por amor, o por voluntad propia, a creer que yo vine a este mundo a sacrificarme.

---

[8] En terminología naval: Cuando un marinero cometía una falta se le mandaba al "carajo" (cofa del barco) en señal de castigo o desaprobación.

De esta manera, a ti y a mí, **nos fueron regalando frases que se convirtieron en creencias**, y las fuimos haciendo nuestras sin cuestionar nada de lo que nos decían. Es como vivir en 'modo automático'. Tomamos todas esas palabras, las convertimos nuestras, preparamos nuestra mochila, la cargamos sin preguntar si esa es la forma en que queremos vivir. Así salimos al mundo, sintiéndonos pesados, no merecedores, siendo 'educados' para encajar con personas que no valen la pena, haciendo todo por 'educación' y calándonos situaciones que nos enferman.

Cuando tomamos la decisión de alejarnos y decimos lo que pensamos: seremos maleducados, se enfadarán y al final terminaremos sintiéndonos mal, nos rechazarán. Mejor nos quedamos en silencio e inmóviles, aunque nuestro corazón nos diga que ese no es nuestro lugar.

Sí, señores y señoras. Sé lo que están pesando y sintiendo al leer estas líneas. Alguna vez me sentí así, y fui congruentemente incongruente, porque de alguna forma tenía miedo al rechazo, al no caer bien, al ser criticada y rechazada.

¡Yo misma no me aceptaba, no podía esperar que otros me aceptaran! ¡Yo misma no me respetaba, por qué lo harían los demás! ¡No me defendía, qué motivaría a alguien más a defenderme!

Con esta programación universal llena de mitos, creencias, miedos, inseguridades, verdades a medias, lo único que se ha logrado es que las personas lleven miles de máscaras y sean como el camaleón, que cambia según la ocasión. Se convierten en personas de doble moral: un día van por la vida señalando y criticando a los demás; otro día les toca a ellos vivir lo que han señalado en otros, pero se justifican con mil mentiras.

Toma en consideración un viejo refrán:
"No escupas para arriba, porque te puede caer en la cara"

¡Ya tuve suficiente de esto! Ya conozco todas las incongruencias que un día rondaron mi vida. Ya experimenté el mal sabor de **no ser yo**. Ya supe lo que es ser camaleón. Juzgué, mentí, me creí limpia y pulcra para poder hablar de los demás, fui doble moral y me reí de otros también. Lo único que obtuve con toda esta incongruencia fue **enfermedades emocionales**. Es muy difícil y agotador vivir con tanta incongruencia, mi lenguaje interior era muy diferente a mi lenguaje exterior.

Si de miedo se trata, he sido la persona más miedosa de este planeta. Temores que me mantuvieron viviendo en incongruencias por largo tiempo.

Al escribirlo y permitirme que tú leas estas palabras, el sentimiento que ronda a mi alma es de **liberación**. Puedo permitirme decir: fui, hice y me equivoqué en algún momento. No reconocí mi camino y me perdí en varios rumbos. Esto es 'una cucharada de mi verdad', que me permite reconocer mis limitantes, para transformarlos en comportamientos que me ayudan a crecer, me forjan como mejor ser humano para mi entorno, para mi familia y para la humanidad.

Le hacemos un favor al mundo cuando nos descubrimos y nos convertimos en seres extraordinarios, sin prejuicios, sin señalamientos, ocupados viviendo y construyendo nuestros sueños.

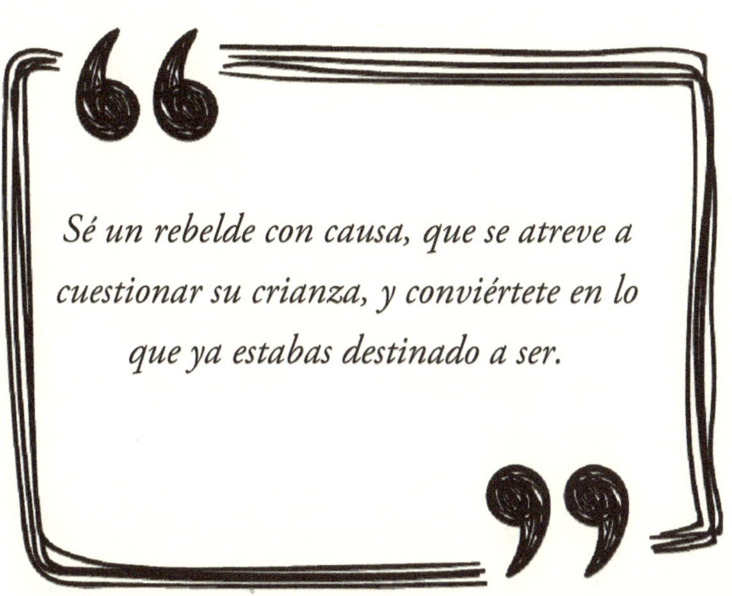
Sé un rebelde con causa, que se atreve a cuestionar su crianza, y conviértete en lo que ya estabas destinado a ser.

LA CONGRUENCIA DESDE LA PROGRAMACIÓN NEUROLINGÜÍSTICA

QUIERO EXPLICARTE EL TEMA de la congruencia a nivel más irrefutable, basado en lo que dice la programación neurolingüística (PNL). Cuando asumes **plenamente** un compromiso consciente con respecto a un objetivo o comportamiento determinado.

Por ejemplo:

Mantenerte en el peso adecuado y comer sanamente, es fácil si todas tus partes internas *están de acuerdo*, y quieren hacerlo, si además utilizas la fisiología adecuada y si tienes buenas estrategias para seleccionar y consumir tus alimentos.

En cambio, es complicado si tienes la creencia instalada de que 'comer sano' es algo que te quita placer en la vida. Ahí hay un conflicto interior, sobre todo si una parte tuya piensa que es bueno comer sano, y otra parte difiere de esa creencia. Hay claramente una incongruencia que se traducirá en un comportamiento 'dividido'.

Aspectos tales como fumar, beber en exceso, adelgazar, etc., son todo un tema de cambio. Hay que aplicar algunas técnicas, ya que una parte de la persona quiere cambiar, pero otra parte (que generalmente es inconsciente), no quiere, **se resiste**, porque obtiene algún **beneficio positivo** de ese comportamiento que desea cambiar. Esto significa que puede haber problemas de congruencia entre lo que 'deberías hacer' o lo que 'quieres hacer'.

Otras 'pistas' que la PNL describe, que expresan problemas de congruencia, es respecto a lo que 'puedes hacer' o lo que 'no puedes hacer'.

Fíjate que ya estamos hablando de **creencias**. Las creencias del 'no puedo' son más difíciles que las del 'debería'. Tendemos a disfrazar más los 'no puedo'. El 'no puedo' sería el 'pero' en la frase *"quiero pero..."*.

Aquí hay **una incongruencia** que proviene de una parte interna que sabotea los intentos de la persona: ella quiere hacer algo, pero alguna 'cosa' la frena, y no puede cambiar su comportamiento.

El mecanismo de autosabotaje se activa cuando una parte quiere hacer algo, y otra parte de la persona desea no hacerlo. Se trata de ir descubriendo qué cosas "encierra" nuestro lenguaje, lo que decimos a los demás, y lo que nos decimos a nosotros mismos. Allí hay creencias y expresiones "disfrazadas" que delatan ese conflicto de intereses.

Es muy importante poner atención al lenguaje que estás utilizando, para detectar y corregir ese elemento limitador. La clave para saber qué es lo que no te permite realizar las cosas que deseas, es identificar el código que estás utilizando para ti mismo.

El Consciente y el Inconsciente

Para que podamos continuar, debo dejar claro lo que es el consciente y el inconsciente, ya que los he mencionado y los seguiré abordando en la lectura.

Debemos observar algo particular: el cuerpo se convierte en la mente inconsciente. Es fácil ver que en las situaciones en que el cuerpo se convierte en la mente, **el consciente ya no es el que dirige nuestra conducta**. En cuanto generamos un pensamiento o una reacción, el cuerpo funciona como en piloto automático, actuamos de manera inconsciente.

Por ejemplo:

Una mujer que maneja su automóvil: habla por teléfono, se maquilla, va en marcha, toma café, tatarea la canción que suena en la radio, pasa el tráfico, dirige el carro perfectamente a la dirección que quiere ir.

¿Todo esto al mismo tiempo? Estas acciones, como un programa informático, se han vuelto funciones automatizadas que las realiza con naturalidad y facilidad. Su cuerpo es experto en llevarlas a cabo porque las ha memorizado a través de la repetición. Ya no necesita pensar en cómo las hará, se ha habituado a ellas.

Tomando en cuenta que solo el cinco por ciento de la mente es consciente, el noventa y cinco está dirigido por programaciones automáticas inconscientes.

Hemos venido memorizando una serie de conductas tan bien que se han automatizado en nuestra mente. Cuando el cuerpo ha aprendido un esquema de pensamiento, de acción o de sentimiento, llega al punto de convertirse en autómata, porque **actúa sin reflexionar**.

La mayoría del tiempo (cerca del noventa y cinco por ciento) estamos de modo 'piloto automático'. Aunque una persona desee ser feliz, estar sana o ser libre, la experiencia de haber almacenado tantos años de miedo de manera repetitiva, han condicionado al inconsciente, al cuerpo, a vivir en este estado al que se ha acostumbrado. Cuando ya no somos conscientes de lo que pensamos, hacemos o sentimos, vivimos en la inconciencia, nos dejamos llevar por los hábitos.

El principal hábito que debes dejar de practicar, es el de la inmutabilidad (ser siempre igual), sin permitirte definirte. Si te defines, te limitas a conocerte y descubrir nuevos comportamientos que te permitan mejorar.

Cuando dirijo mis talleres, lo menciono a menudo: "No me defino, si lo hago es como meterme en una caja". Prefiero dejar la posibilidad de pensar que hay cosas que las podré cambiar, si descubro que no me facilitan crecer. **Nada que me encierre en una sola teoría me permite expandirme.**

A lo largo de mi vida, me he permitido cambiar cuantas veces sea necesario. Si encuentro un comportamiento que no me suma y que me conduce a obtener los resultados de siempre (los que no estoy buscando), me atrevo a cambiarlos, sin cuestionarme el origen.

"Comportamientos repetitivos te llevan a obtener resultados repetidos".

Miedo o Lenguaje Limitador

Muchas veces confundimos el miedo con el lenguaje limitador. Cuando menciono 'lenguaje limitador', me refiero a esa plática interna que realizamos las veinticuatro horas del día en nuestra mente.

Reflexiona por un momento…
¿Qué lenguaje utilizas cuando quieres cumplir un objetivo que te has propuesto?
¿Qué palabras son las que aparecen en tu mente cuando empiezas a planear eso que tanto deseas?

¡Esas palabras que aparecen en tu mente son la clave para que logres lo que te has propuesto!

El miedo es creado por tu lenguaje interior, tú mismo te inyectas ese miedo y te boicoteas para no lograr eso que tanto has anhelado.

Por ejemplo:

¿Te ha sucedido que una parte de ti quería salir a caminar, ir al gimnasio o ir a un lugar para hacer algo de ejercicio; pero otra parte, simplemente deseaba seguir durmiendo? Luego, decidiste seguir durmiendo.

Acto seguido, aparece una voz interior, un monólogo molesto, recriminándote el no haber ido a hacer ejercicio, cuando en realidad eso hace bien a tu salud.

Este es un claro ejemplo de incongruencia, pues suscita cuando una persona tiene alguna clase de conflicto interno en el que se envían dos mensajes distintos.

Cuando la conducta externa y las sensaciones internas no concuerdan, se debe tener mucho cuidado. Frecuentemente se traduce o se refleja en el cuerpo de la persona, en su fisiología, con algunas posturas que denotan esta "división" interior. **La incongruencia, se experimenta como un conflicto interno con uno mismo.**

Es como si hubiera dos partes tuyas confrontadas, con intereses opuestos: hay una parte que quiere hacer algo, y otra parte que se opone a eso. Podría tratarse de dos comportamientos, o inclusive dos aspectos de tu personalidad.

Y a veces, cuando nos enfrentamos a conflictos de creencias, **una "parte" ni siquiera es consciente de que existe la otra**. Esto da como resultado un estado de confusión de la persona.

Por ejemplo:

Hace algunos meses recibo una llamada de una persona que me dice que ha encontrado el amor de su vida, que por fin será feliz, y que es el amor que por muchos años había esperado. Quien me llama, es una mujer de 36 años, cautelosa, reservada y aparentemente muy congruente en sus acciones. Me sigue relatando la historia de su gran amor y dice que han emprendido juntos un viaje, para conocerse más, estar más cerca y poder conversar sin el compromiso del diario vivir. Al final de cuentas, ya son adultos y ambos han tomado esta decisión.

Algo me llama la atención. En su historia, se refiere a un hombre: muy serio, religioso, con muchos principios y valores familiares. Ella le da por advertido y le dice que harán ese viaje sin tener cercanía sexual, que en todo caso eso llegará a su momento… si deciden casarse.

Al regresar de su viaje, cinco días después, suena mi teléfono y escucho una voz triste, diciéndome que el viaje no fue buena idea, que él había estado distante, como evitándola, que no entendía el porqué de su comportamiento. Ella pensó que ese viaje iba a ser como una luna de miel antes de su boda.

¡Un momento! ¿Luna de miel antes de tu boda? Creí que había dicho que no iban a tener acercamiento físico. Eso fue lo que ella declaró y advirtió a él. Ella muy elocuentemente confirmó que sí se lo había dejado en claro, pero en realidad ella quería que ese acercamiento íntimo se diera, que era lo que esperaba.

Notoriamente, ella, a través de su lenguaje le dio las directrices de un comportamiento que realmente no quería.

Este conflicto, quedaba a la vista.

La incongruencia quedaba establecida, ya que la persona se mostraba en realidad "muy conservadora" y prudente, no obstante sus propias intenciones eran otras.

Ahora bien, nos viene a la mente la pregunta:

¿Se pueden integrar estas partes encontradas y en conflicto?

Existe una respuesta, la solución:

Primero identificar las partes en conflicto, porque su pareja estaba distante, debido a lo que ella claramente había pedido, él simplemente respetaba su petición.

Este conflicto generó desdicha y confusión en ambas partes, con un comportamiento imprevisible de esa persona. Todo ocasionado por la incongruencia: **pido lo que no quiero, obtengo lo que no quiero**.

No existe otra realidad, no vas a obtener lo que piensas. Es necesario utilizar el lenguaje para pedirlo. Para esto debemos alinearnos congruentemente con nuestro comportamiento: **siento, pienso… y lo que pienso lo comunico**.

No resulta gratuito mantener conflictos interiores incongruentes. Sin duda alguna, puede generarse problemas de salud, malestares, además de un empobrecimiento de la calidad de vida.

Una vez lograda la detección, se debe proceder a resolver. Esto es un paso interesante y eficaz para comenzar a conocer tus miedos, que a veces son producto de una incongruencia.

Esa energía que antes se malgastaba en el problema y generaba confusión e insatisfacción, ahora estará disponible de manera renovada; tendrás así una nueva energía, te sentirás más consciente y más "unido" y todo tu cuerpo se alineará en una forma más equilibrada.

"Asegúrate que todo lo que pienses va en congruencia con lo que sientes y todo lo que hablas y transmites a los demás."

Si lo que hablas no concuerda con lo que sientes, estás en problemas. La buena noticia es que esto lo puedes resolver.

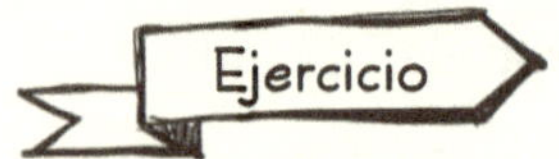

Vamos a resolver conflictos de incongruencias.

Piensa en un objetivo, en algo que siempre has querido conseguir. Tómate tu tiempo y antes de continuar leyendo, ten claro cuál es ese objetivo.

Anótalo en una frase:

____

(Ejemplo: Voy a ganar $30 000 anuales.)

En este momento, observa tu entorno, agudiza tus sentidos y sé más consciente de tu ser, de tu habitación o lugar donde estás. Ten consciencia de lo auditivo, de lo que estás escuchando, de tu respiración, de tu cuello, pecho, estómago, piernas y pies.

Explora lo que estás haciendo exactamente en este momento. Tienes el libro en tus manos, estás leyendo desde una tableta o tu teléfono móvil.

Desde este momento en tu presente y la tranquilidad en la que te encuentras, enumera y reconoce diez habilidades que posees. *(Ejemplo: Soy empático… Soy flexible)*

Puedes anotarlas aquí o en un papel aparte.

1. ____

2. ____

3. ____

4. ____

5. ____

6. ____

7. ____

8. ____

9. ____

10. ____

Observa muy bien tus habilidades, las que acabas de anotar, y selecciona cuáles vas a utilizar para cumplir el objetivo que tienes anotado.

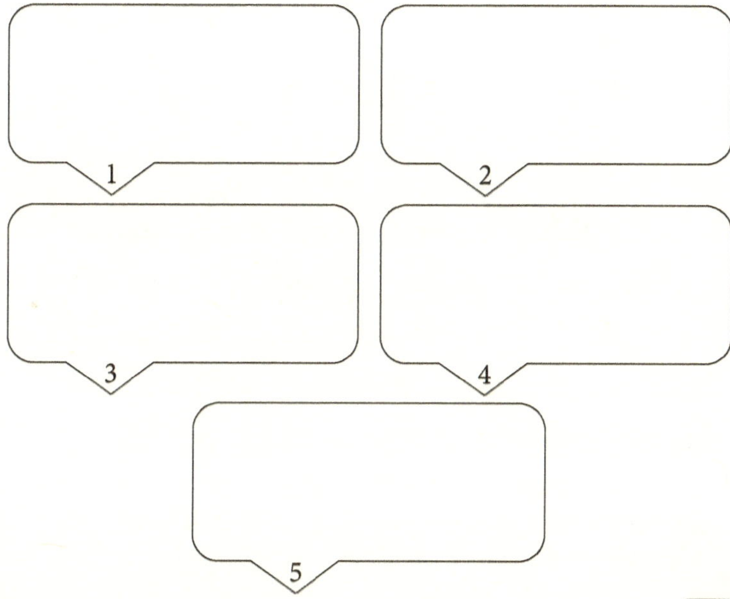

Luego de resolver lo anterior, tómate el tiempo para pensar en estas respuestas y anota lo primero que se venga a tu mente (esa es la respuesta).

1. ¿Qué te motiva a cumplir ese objetivo?

R: ____

2. ¿Qué encuentras valioso de eso que deseas?

R: ____

3. ¿Qué es importante para ti de ese objetivo?

R: ____

4. ¿Para qué quieres hacer eso que deseas?

R: ____

5. ¿Por qué quieres hacerlo?

R: ____

Tómate el tiempo necesario, y por un momento recuerda quién eres, tu identidad[9], más allá de tu nombre y más allá de todas las creencias que tienes, más allá del país donde naciste, más allá de quienes son tus padres y tu crianza. Permite autocuestionarte y anotar:

---

[9] La identidad es un nivel muy profundo, es tu ser esencial.

¿Quién eres?

____

¿Cuál es tu propósito de vida?

____

____

¿El objetivo que deseas se conecta con tu identidad y tu propósito de vida?

____

Regresa al comienzo del ejercicio y detenidamente lee todo lo que has anotado, y permítete observar si tu objetivo está alineado con tu identidad, tu propósito de vida, y tus habilidades.

Una vez hecho lo anterior, observa cómo todo comienza a tener sentido, seguramente te sentirás reconfortado por algo nuevo que has identificado en ti, para bien o para mal (ya que 'el bien y el mal' son versátiles).

Si has llegado hasta aquí, hasta realizar este ejercicio, es porque inconscientemente quieres trabajar las partes incongruentes e identificar comportamientos que te pueden estar limitando y creando miedos donde probablemente no los hay.

Una vez que hayas plasmado en un papel el trabajo que has hecho, ¿sientes que estás más cerca de lograr tu objetivo?

Si tu objetivo está alineado con tu identidad y tu propósito de vida, el proceso será más fácil y habrás alcanzado el 50% de tu objetivo. Cuando lo que deseas está en congruencia con quien eres, todo fluye, y estás más atento a las señales del camino que debes recorrer.

Felicidades por este descubrimiento, te has regalado el beneficio de responder preguntas que te generan claridad mental al momento de tomar decisiones y emprender eso que tanto has anhelado.

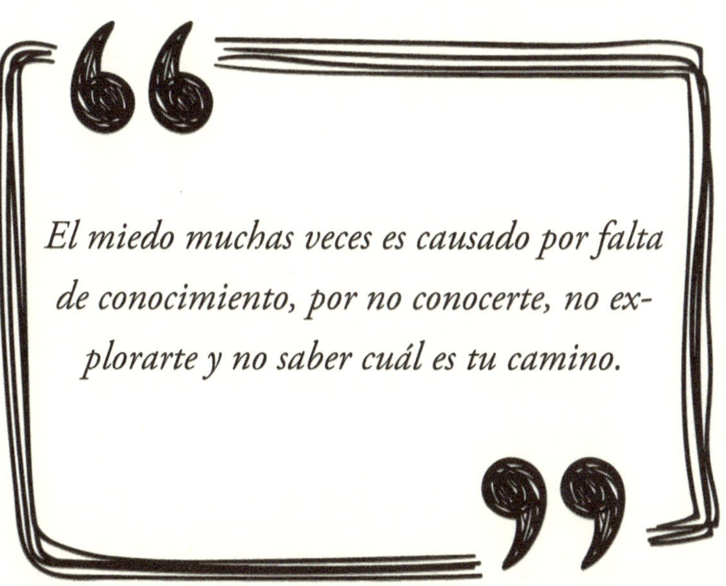

El miedo muchas veces es causado por falta de conocimiento, por no conocerte, no explorarte y no saber cuál es tu camino.

La Falta de Identidad

EL MIEDO Y LA FALTA DE IDENTIDAD

EL MIEDO SE RELACIONA con la falta de identidad, o por no autoconocerte.

Por ejemplo:

Cuando tienes un teléfono móvil nuevo en tus manos, te genera miedo complicarte con la tecnología que posee (ese y cualquier otro aparato electrónico), a tal punto que piensas: "¡No sé por qué me compliqué la vida y me compré esto!".

Luego de unos días, cuando tomas tiempo para conocerlo, tienes paciencia en explorarlo, en ver todas las increíbles herramientas y funciones que posee, llegas a saber cómo utilizarlo debidamente y logras tomarlo con confianza, y sin pensarlo le perdiste el miedo a la nueva tecnología que adquiriste. El miedo desaparece sin necesidad de cuestionarlo.

Lo mismo pasa con las personas. Si llegas a conocerte, a identificar tus habilidades, lo que te hace feliz, tu camino, tu propósito de vida, vas a perder o distraer el miedo. Dicho sentimiento pasa a segundo plano.

Uno de mis maestros, me decía frecuentemente: *"Si vives, te comportas y hablas desde tu propósito de vida, estarás viviendo una vida de plenitud. Y sabrás resolver todo obstáculo que se presente a tu vida."*

Después de trabajar en ti, conocerte, y cuestionarte, es más fácil entender el porqué de tus comportamientos. Por esa razón, al levantarme en las mañanas, me repito a mí misma: "¡Qué bien se siente tenerme! ¡Qué bueno que ya estoy para mí!"

El estar para ti, depender de ti, te hará confrontarte con tus miedos, generará paz en tu corazón. Es como vivir sin esperar nada de los demás, significa no ser demandante de los demás. ¡Buscar en otros lo que yo no poseo es muy duro!

Andamos como 'alma en pena' pidiendo de todo: amor, protección, atención, dinero, paz, etc. No nos creemos capaces de conseguirlo por nuestros propios medios y eso genera mucho miedo. Es entregarle tu vida a otra persona, es venderle el alma a la persona que le demandas todo lo que tú **crees que no posees**. Y en el instante de perder a esa/s persona/s te desequilibras, y el golpe puede ser muy duro, porque te genera mucho miedo.

Hoy en día, podemos observar cómo el miedo está afectando nuestra humanidad. Justamente, esto que estás leyendo lo estoy escribiendo durante el mes de julio del memorable año 2020, tiempo en el que puedo percibir cómo la humanidad entera está sumergida en un miedo generador de incertidumbre y estrés, causante de una profunda depresión y ansiedades severas; todo por temor a la pandemia.

En ocasiones, pienso que lamentablemente muchos en el mundo están disfrutando el caos. Es difícil pensarlo, pero ya saben que: "Si lo pienso, lo digo". Sin la intención de herir sentimientos o de señalamientos, debo reconocer que me provoca mucha pena ver cómo algunos alimentan sus miedos los unos con los otros, difundiendo noticias sensacionalistas y amarillistas. También cuando envían mensajes de texto sin veracidad, bajo el lema de "estoy informando". ¡Es una gran mentira! Si no somos periodistas no debemos difundir noticias inverosímiles, y si la intención fuera informar, también compartiríamos las buenas noticias.

Sin embargo, hay personas llamando a la calma y a la reflexión, con mensajes optimistas para sosegar el miedo que se siente en el ambiente, pero no son escuchados, sino silenciados. Porque el miedo es lo que se vende.

Durante los primeros cinco meses de cuarentena, he experimentado todas las emociones. He estado alegre, optimista, triste, vulnerable, desesperada; todas las he vivido, y en ellas solo he encontrado una respuesta: Soy humana y tengo emociones que puedo utilizar positivamente a mi favor.

El miedo es el sentimiento más controversial que los humanos experimentamos, y a medida que crece nos convertimos en esclavos emocionales.

Así nos quieren: miedosos, sin voz, silenciados, incapaces de cuestionarnos, adoctrinados por unos cuantos, encajonados, con rejas mentales. Nos enseñan a obedecer, a mover la cabeza de arriba para abajo en señal de afirmación y nunca de un no. El que diga "no", va en contra de todas las enseñanzas, y el que esté en contra de la corriente será juzgado, rechazado y segregado.

Todo esto lo hemos creído y lo hemos comprado. El resultado ha sido uno solo: **vivir con miedo.**

Estamos todos como humanidad entera, aprendiendo de la escuela de la pandemia. Unos eligieron aprender y otros no, y quienes no están aprendiendo es porque están entrenados para ver todo lo negativo de las situaciones, la parte sombría y negativa, en lugar de ver las oportunidades que en ocasiones nos llegan envueltas en sobres negros; no desisten de enfocarse en la envoltura oscura, en la calamidad, y no en las posibilidades que vienen dentro de ese sobre.

En la vida tendremos muchos obstáculos, con o sin pandemia. **Los que triunfarán** ante las adversidades no serán los más inteligentes, ni mucho menos los más adinerados, **serán los que se adapten y sean flexibles mentalmente al aprendizaje**.

El tiempo que estamos viviendo, también ha traído grandes oportunidades a quienes las han sabido ver; y como escuché en un dicho: "Mientras unos lloran, otros venden pañuelos."

Haz un trueque con el miedo y emplea tu habilidad de curiosidad, del discernimiento. Enfócate en lo que puedes controlar, es decir, tus pensamientos. Todo lo que pasa allá afuera, no tenemos la capacidad de cambiarlo o de dirigirlo, aunque sí podemos dirigir lo que pensamos y de eso sacar reflexiones que nos hagan ver las posibilidades. Tu pasado puede ser pesado o muy tenebroso, tú decides si lo conviertes en una historia de aprendizaje o en una de terror que te mantendrá en las rejas de la tristeza y la melancolía.

Así como la mente aprende y se acostumbra a vivir en el caos, de esta misma manera le puedes enseñar a vivir en plenitud, en agradecimiento, desde el optimismo, la esperanza y la fe.

Si pones atención, notarás que hay personas a tu alrededor que a pesar de vivir con todas las comodidades posibles y gozando de buena salud, han elegido vivir tras las rejas de los pensamientos del caos, magnificando lo negativo. Aquí te darás cuenta que no es una posición económica o un estatus social lo que te generará salud mental para tomar las decisiones correctas y vivir en plenitud. Todo esto depende de los pensamientos que elijamos.

Redacta una breve anécdota de una mala experiencia personal.

Ahora, enumera lo positivo y lo aprendido de esa historia que has escrito.

"Recuerda que toda historia negativa, tiene algo que te aporta y experiencias de aprendizaje."

Lo positivo:

____

____

____

____

____

____

Lo aprendido:

____

____

____

____

____

La Ansiedad

Según la investigación más reciente, **la ansiedad no es una enfermedad**, sino más bien, una capacidad humana normal que se ha convertido en extrema y excesiva.

Es normal que en un momento del día estamos pensando o planificando el futuro. Sin embargo, en casos de ansiedad, este enfoque futuro y la consideración de lo que puede ir mal, se convierte en extrema e incontrolable hasta el punto en el que el miedo se vuelve un foco enfermizo en nuestra mente.

¿Qué es en realidad la ansiedad?
Para escribir de este tema me tomé el tiempo de leer algunas teorías de especialistas. Si te lo describo desde la programación neurolingüística que es mi profesión, te puedo mencionar que la ansiedad es un estado que crea

la mente por vivir todos los estados, menos el aquí y el ahora, o estas viajando constantemente *imaginando* tu futuro o recordando el pasado.

El foco está en el peligro, por consiguiente en la evitación del peligro, y en los eventos y circunstancias no deseadas. **Las personas con ansiedad se enfocan** mucho en eventos externos, o sea, **en situaciones que no pueden controlar**.

Por ejemplo:

Hoy es 17 de julio de 2020. El mundo está pasando por proceso de cambio (pandemia). Muchos en este momento se infectan a cada minuto, mientras otros mueren. Si centro mi mente en eso, y lo hago constante, llegaré a sentir ansiedad. Es un evento que yo no puedo controlar, ni siquiera los contagios o las muertes, pero **sí puedo controlar lo que estoy pensando**. Así que si hablo desde mi persona, cuando llegan a mi mente esos eventos, recuerdo de inmediato que no los puedo controlar y no someteré a mi mente a ese tormento innecesario de estrés.

Las personas con ansiedad, interpretan las sensaciones corporales de una manera confusa como indicativos de un ataque al corazón, un ataque de pánico, desmayos u otra consecuencia no deseada. Podríamos decir que **la persona ansiosa está muy centrada en lo que podría ir mal en el futuro**, convencida al cien por ciento de que eso va a pasar, y luego se concentra en sus reacciones corporales, vistas como evidencia de que algo está mal o va a salir mal. Estos pensamientos conducen a un círculo vicioso de miedo que es difícil escapar.

La mente produce señales potentes de peligro que el cuerpo responde activando el sistema nervioso. La persona se queda agobiada por la percepción de peligro, empieza a liberar adrenalina y otros cambios químicos y a sentirse incapaz de hacer algo al respecto.

Muchas veces, el mejor consejo que otros pueden darte es "todo va a estar bien" o "piensa en positivo"; cada uno de los cuales a la persona con ansiedad le resulta imposible hacer. Estos son consejos demasiado insignificantes a la solución del problema.

Estando en una sesión de *coaching*, llega una persona y declara que tiene ataques de pánico, a lo cual pregunté: "¿Así que estabas caminando y de repente el pánico te encontró y te atacó?". A partir de lo expresado, pudo darse cuenta que a través del lenguaje utilizado, había incorporado el miedo a su sistema.

Reaccionó y me dijo que en realidad no sabía si fue un ataque de pánico, pero creyó que lo fue porque sintió mucho miedo. Seguido de esto, continuó con su historia y describió todo un futuro lleno de tragedias que aún no sucedían (basado en pura imaginación). Cualquier cineasta o editor podría haberlo contratado para realizar una película o un libro con esa historia, esta persona tenía una tremenda imaginación a cuestas.

En su narrativa trataba de convencerse a toda costa que el peligro estaba ahí y no iba a poder escapar. Era inmensamente curioso ver cómo él mismo se convencía de su historia imaginaria. Había momentos que al hacerle reencuadres[10], hacía gestos como de molestia, él pretendía convencerme de su historia y asustarme. Hubo una pausa y dijo: "Sé que crees que exagero, pero no es así".

A esta persona le habían diagnosticado una enfermedad unos meses atrás, y el diagnóstico fue erróneo. Visitó a otros doctores, hicieron más pruebas y en definitiva tenía algo que debían retirarle, pero no era tan grave como el doctor que le diagnosticó anteriormente le había informado. Mi cliente quedó anclado con las palabras del primer doctor y aun sabiendo que estaba sano, insistía

---

[10] El reencuadre de una situación consiste en cambiar la perspectiva o marco desde la que se percibe.

tremendamente en repetir lo que el doctor le había dicho, esto le generaba ansiedad, ya que vivía en el pasado recordando las palabras del mal diagnóstico y pasaba con ansiedad preguntándose si había alguna manera que la enfermedad 'no enfermedad' se le desarrollara, estaba preocupado pensando qué iba a hacer si eso llegase a pasar.

Este es el cuadro mental de alguien que sufre de ansiedad, tienen algo en común, ¡son tercos! Tienen mucha imaginación y se autoconvencen encerrándose en su propia idea.

Desde la programación neurolingüística (PNL) te muestro el tratamiento a esa enfermedad llamada ansiedad. Esta metodología implica aprender a utilizar las habilidades de la ansiedad en su contexto apropiado y a través de este proceso de aprendizaje, las personas adquieren la capacidad de pensar en el futuro sin dejar de perder la calma y ser creativos.

Desde el punto de vista de la psicología, **un ser humano está diseñado para sobrevivir, constantemente busca el peligro para protegerse**, por esta razón queda registrado más la experiencia negativa que la positiva. Las experiencias negativas te hacen modificar tu parte emocional y reacción de "lucha o huida" (*Fight-or-Flight Response*, en inglés).

Te invito a utilizar la imaginación como lo hizo mi cliente antes mencionado:

Imaginemos que estamos en un campo verde, con un cielo totalmente despejado, tiene un camino largo, cruza entre nube y nube un arcoíris que apenas se logra ver, el viento es cálido, los pajaritos cantan, huele a pasto y tierra mojada. A lo largo ves una flor linda, te acercas a ella y te das cuenta que es la flor más bella con los colores más fabulosos que hayas visto: amarillo, rojo, violeta. Tomas la flor, la cortas y la observas, luego la hueles y es exquisita, similar a una orquídea. Escuchas un pequeño ruido en el pasto verde, volteas la cabeza y te encuentras un león viéndote fijamente muy cerca de ti, es inmenso y no para de observarte, tu respiración se detiene por milésima de segundos.

Te pregunto: ¿Qué experiencia es la que contarás de esta historia? Me puedo adelantar, pensar y atreverme a confirmar que será la del león que apareció en medio del campo verde.

La reacción de lucha o huida es una respuesta ante la percepción del peligro, ataque o amenaza a la supervivencia. Fue descrita por Walter Bradford, indicando que los animales reaccionan con una descarga general del sistema nervioso preparándolos para luchar o escapar. Durante la reacción, la intensidad de la emoción determinará la intensidad de tu comportamiento durante una respuesta. Las personas emocionales pueden ser propensas a la ansiedad.

Las personas que miran y escuchan noticias todo el tiempo, están propensas a sentir ansiedad, depresión y angustia.

Te quiero compartir según mi investigación, cómo responde tu cuerpo cada vez que ves, escuchas y vives eso:
El cerebro interpreta que estás en peligro, produce una descarga de adrenalina que activa el corazón y los músculos, pero al prolongarse provoca problemas de salud. El corazón se acelera, la boca se seca, sudas más de lo habitual y aparece una sensación de nudo en el estómago.

Según el Instituto Nacional de la Salud de Estados Unidos de América (NIH), estamos nerviosos porque el cerebro activa una respuesta encaminada a reaccionar ante un cambio y lo consigue liberando sustancias químicas llamadas hormonas y neurotransmisores que alteran el funcionamiento de ciertas partes del organismo. Nuestro organismo reacciona a lo que interpretamos y el sistema nervioso se altera.

Luchar o huir

En el momento en que comienza el susto, se produce una descarga de adrenalina que provoca la sensación de alarma y en ese momento el corazón aumenta la frecuencia de sus latidos, el metabolismo detiene el almacenamiento de la energía y la moviliza para hacer frente al agente estresante (en este caso el león o las noticias).

Antes de exponer tu organismo a alterarse, piensa y sé selectivo en lo que vas ingerir mentalmente: leer, ver y escuchar. **Inyectarse miedo también es masoquismo**.

Para informarnos, no necesitamos de noticias amarillistas y sensacionalistas que nos contagien de nubes oscuras, que lo único que provocan es que vivamos en lamentos y en pobreza emocional.

Algunas personas son muy selectivas al momento de escoger su comida, y esto está muy bien, pero toma en cuenta que la comida que le cae mal a tu organismo tiene por dónde salir, la defecas, sin embargo los pensamientos no tienen forma de salir y se pueden convertir en grandes enfermedades.

Más adelante, dentro de este mismo texto, en la página 147 te comparto tres técnicas para el manejo de los cuadros de ansiedad.

"La mente es capaz de curarte y enfermarte también"
Alejandro Jodorowsky

El Miedo es una Ilusión
Por Dez Stephens, fundadora y CEO de 'Radiant Coaches Academy'.

Como autor, Don Miguel Ruiz, imparte la sabiduría de los toltecas, nos recuerda que el miedo, junto con el resto de nuestras emociones y pensamientos, son simplemente una experiencia de nuestra propia creación.

No nos gusta creer que el miedo es algo que elegimos. Solo nos gusta pensar que elegimos emociones como la alegría o el amor. No puede ser que solo tengamos la capacidad de elegir las emociones o pensamientos "buenos". Es un principio universal que los elegimos a todos.

Por lo tanto, si estás eligiendo miedo, la buena noticia es que puedes tomar una decisión diferente, independientemente de tu circunstancia.

El miedo aparece en el cuerpo último, lo que significa que apareció por primera vez en el cuerpo emocional, o cuerpo mental, o cuerpo espiritual primero. El miedo a veces aparece como ira. Si no sabes por qué estás enfadado, pregúntate: "¿Tengo miedo de algo?"

Tu mente no sabe la diferencia entre recordar un miedo, imaginar un miedo, experimentar un miedo o anticipar un miedo. En otras palabras, **el cerebro percibe el miedo como literal**.

Si estás viendo la televisión o *TikTok*[11], y ves una imagen aterradora, tu mente considera que es una amenaza física real. Las hormonas del estrés comienzan a atravesar las venas. Te sientes ansioso. Te sientes inquieto.

Dado que los síntomas del miedo aparecen en el cuerpo. "Ir al cuerpo" es la forma más rápida y más eficaz de detener o ralentizar el estrés del miedo. Solo ocho minutos de meditación u oración calmarán tu sistema nervioso.

Puedes mirar una vela durante ocho minutos, lo que significa ver una llama y no voltear hacia otro lado. La ubicación está a ocho minutos a pie. Ocho minutos de res-

---

[11] Es una aplicación de medios de iOS y Android para crear y compartir vídeos cortos.

piración profunda. Ocho minutos con los ojos cerrados, centrándose en algo que vive del otro lado del miedo.

No necesitas preguntarte: "¿Por qué tengo tanto miedo?" Todo lo que necesitas hacer es notar lo que eres, y a continuación tomar una decisión. Una opción para pensar diferente. Una elección para sentir algo más.

El miedo es una elección. También lo es la calma. También lo es la paz.

Tu circunstancia puede no sentirse tranquila o tranquilizadora, pero tú tienes la opción interna de pensar en la paz o sentirte tranquilo. Nadie puede cambiar la forma en que sientes o piensas, aparte de ti. Tienes esta habilidad en cada momento. Nadie puede quitarte esto. Naciste con esta habilidad. Este es uno de tus superpoderes.

"No eres tu circunstancia. No eres tu miedo. Tú eres tú. Eres un alma hermosa tomando decisiones hermosas."

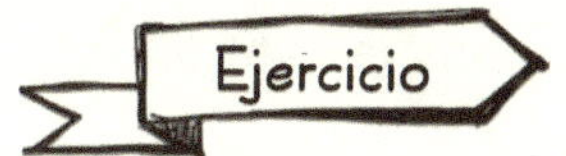

Cómo despejar tu miedo

Por Dez Stephens, fundadora y CEO de 'Radiant Coaches Academy'.

Prueba la técnica "Despeja tu miedo" (*Clear Your Fear*, en inglés):

1. Piensa en un miedo objetivamente (escríbelo), sin posicionarte plenamente en el sentimiento de miedo. Solo "velo" desde afuera como un perceptor. Sé el observador.

   ____

   ____

2. Observa lo que estás notando. ¿Qué observas?

   ____

   ____

3. Aclara lo que realmente es el miedo. ¿Es miedo al abandono? ¿Es miedo al rechazo? ¿Es miedo a otra cosa? ¿Qué es?

   ____

   ____

4. Toma una decisión. ¿Qué emoción preferirías sentir en lugar de este miedo?

____

5. Crea una instrucción de compensación. ¿Qué hay al otro lado de este miedo? Si es paz, entonces tu declaración de compensación puede ser: "Elijo la paz" o "soy pacífico". ¿Qué declaras?

____

____

6. Repite esta declaración de compensación a ti mismo durante todo el día. Piénsalo. Siéntela. Dilo en voz alta. Canta. Baila. Respira. Reza. Medita. Encuéntralo, lo que sea que funcione mejor para ti.

7. Mientras te duermes por la noche, mientras te despiertas por la mañana, mientras entras y estás saliendo de la oración o la meditación, repite tu declaración de compensación. Este es un momento ideal para reforzar este nuevo pensamiento y sentimiento porque tus ondas cerebrales se están desacelerando y bajando a un estado subconsciente donde toda tu memoria y todo tu conocimiento viven. Ahora estás entrenando tu mente para estar en un estado positivo de pensamiento y sentimiento.

8. Observa cómo esto comienza a cambiar las cosas. ¿Qué observas que esté cambiando?

____

____

9. Siente gratitud por el don de esta liberación. ¿Te sientes liberado?

____

10. Suelta el miedo. Suelta la palabra miedo. Ya no hay necesidad de decir, pensar o sentir, "tengo miedo". Deja que esta palabra deje tu vocabulario. Despídete del miedo. Agradece al miedo por protegerte cuando lo necesites. Deja que tu miedo empiece a escaparse.

11. Cuando un miedo entre en tu mente de nuevo, repite estos pasos para reforzar una manera sencilla de liberarlo. Sé testigo de la belleza de las nuevas decisiones positivas que estás tomando ahora acerca de tus pensamientos y emociones.

Dez Stephens
RadiantCoaches.com
Dezstephens.com

El Lenguaje y sus Mensajes Mentales

▦ *El Poder del Lenguaje*

Lo que te está causando miedo, está en las conversaciones que tienes contigo mismo.

El lenguaje es trascendental para forjar el destino de una persona. Por esta razón, te compartiré una anécdota de uno de mis personajes favoritos: Mahatma Gandhi.

«Él estaba una vez conferenciando en un gran auditorio, y hablaba sobre el poder de la palabra y el impacto que tiene en nosotros.

De repente, entre la concurrencia una persona alzó su mano y con un tono muy alto dijo:
"Lo que usted está exponiendo no tiene ningún sentido. Las palabras no tienen ningún peso sobre nosotros, las palabras se las lleva el viento".

Pues este gran maestro, lo escuchó pacientemente, hasta que dio el suspiro final pronunciando las últimas sílabas de su intervención.

Luego de cinco silenciosos segundos, Gandhi le contestó: "¡Cállate! Estúpido e imprudente. Siéntate, ya no interrumpas mi discurso".

La gente estaba más que impactada, de observar al gran maestro hablar de esta manera, pues nunca esperaron esa respuesta tan brusca de este gran obrador, que lo único que predicaba era paz y enseñanzas espirituales. El hombre que había arremetido contra Gandhi estaba furioso, en un estado emocional desequilibrado, e inmediatamente su rostro se desfiguró y su cara enrojeció de tanto enojo; se sintió humillado ante las palabras de aquel reconocido personaje.

Luego de unos segundos, el maestro cambió su tono de voz, y le dijo:
"¡Perdone, señor! Le pido disculpas por la forma en que le hablé, le ruego me disculpe. Definitivamente no fue la manera adecuada de pedirle guardar silencio. La diferencia de opinión, no es para pelear sino para escuchar dos versiones".

Aquel señor, inmediatamente se calmó. Su postura corporal se relajó, su rostro regresó a su color normal y le contestó:

"¡Disculpe, señor Gandhi! La verdad, me propasé. Quien debe pedir disculpas soy yo, no era el momento para que yo lo interrumpiera".

El gran orador, quedó mirándolo. Y con un rostro lleno de amor y compasión, le dijo:

"Disculpe usted, que haya sido de esta manera tan elocuente. Quería demostrarle a usted y a las demás personas el gran poder de la palabra. Observe usted que con unas cuantas palabras lo exasperé, y con otras palabras lo tranquilicé. Ahora, todos aprendimos de la manera más precisa el poder de las palabras. En tal sentido, las palabras no se las lleva el viento, las palabras causan emociones negativas o positivas, hacen el mal o hacen el bien, nos enferman o nos dan salud, por lo tanto, **las palabras lo son todo**".»

Algunas personas piensan que de los pensamientos salen las palabras, y es todo lo contrario. Primeramente son las palabras o el lenguaje. Posteriormente, ese lenguaje genera mensajes mentales: creencias. Esas creencias desembocan en pensamientos. Esos pensamientos emergen como sentimientos. Tal que, lo que yo pienso y siento, es así como me comporto. Un comportamiento repetido genera hábitos, los que a su vez forman el carácter. El carácter, pensamiento y emociones nos llevan a un destino. Formo mi destino conforme la manera como me comunico conmigo y con los demás.

Para que transformes tu lenguaje y sea tu aliado, lo primero que debes hacer es tener consciencia de lo que comunicas, de tu vocabulario y de la forma como te hablas. A esa voz interna que constantemente te dice cosas, ponle atención: qué te estás diciendo, en qué tono lo haces.

"Escucha tu lenguaje interior, porque te estará edificando o te estará destruyendo."

Cómo Tomo Consciencia de mi Vocabulario

El vocabulario es un hábito, porque no solo existe el hábito del comportamiento, también existe el lingüístico. Las personas se acostumbran a hablar de determinada manera. Quienes hablan y se comunican de manera negativa, obtienen resultados que no son los que desean, a raíz del comportamiento negativo generado por su lenguaje.

Las palabras generan una emoción, y las emociones se somatizan en el cuerpo, por eso lo que hablo afecta o beneficia mi estado emocional, y en las demás personas se percibe ese lenguaje no verbal a través de emociones.

Toma consciencia y procura escucharte para detectar cuándo es que vienen esas palabras negativas. Al permanecer en estado de consciencia estarás más atento a escucharte y darte cuenta por qué es que algunos objetivos no se cumplen. **Por no callar tus miedos**, muy probablemente tú mismo **te estás inyectando temor a través de tu propio lenguaje**.

Esta situación es similar a cuando creamos el hábito de levantarnos a las cinco de la mañana, programas la alarma y al llegar el momento te alertará con el sonido. Después de un tiempo, no necesitas la alarma para levantarte a esa hora, pues se creó el hábito y de manera automatizada te levantas antes que suene el reloj. Sucede lo mismo si le ordenas a tu cerebro que te alerte cuando estés hablándote de forma negativa o infundiéndote miedo. Al pasar los días notarás que de forma inconsciente ya no querrás más esa negatividad en tu sistema de creencias, porque advertirás de lo mal que te la pasaste hablándote de esa manera.

Cuando le ordenas a tu cerebro claramente cambiar el lenguaje para potenciarte, tu mente te cumplirá el deseo.

Cuando expresas: "Estoy aquí, trabajando con mucho sacrificio para ganarme la vida". Debido a que las palabras generan emociones, al decir 'sacrificio y ganándome la vida', te hace sentir pesado, frustrado y complicado. Todo tu sistema emocional se asusta y te genera estrés con solo esa expresión. Si cambias las palabras y dices: "Estoy trabajando y aprovechando para vivir cómodamente", inmediatamente la intensidad negativa baja, tu percepción es positiva y tus emociones son más livianas.

Hace pocos días, a una pariente mía la asistí en un *coaching*. Su conflicto, era que cada vez que iba al gimnasio empezaba la hora de la rutina a la que asistía, e inmediatamente le surgía la pereza, el cansancio, las quejas, el calor; se confundía constantemente con los conteos, y al final lo relata como una pesadilla. Estaba convencida de que a pesar de todo el estrés que le causaba esa actividad, al subirse al vehículo que la conducía a casa, se sentía muy feliz porque había sudado un poco y como fuera posible había cumplido su entrenamiento a pesar de todo el pronóstico negativo.

Mientras ella lo contaba, le permití finalizar su historia y le hice la pregunta mágica: "¿Qué te dices a ti misma cuando ya estás ahí realizando el ejercicio?". Alzó su mirada, me vio fijamente con una expresión de desentendimiento y después de unos cuantos movimientos oculares (buscándose la información), me contestó: "Me digo: Qué pereza estar aquí, ya quiero que se acabe. Esto no es para mí, mejor me quedo en mi casa. Qué clase tan aburrida. Me duele la pierna. Los demás lo hacen mejor que yo, definitivamente soy una inútil y no debería venir". Cuando terminó de responder, yo misma sentí estrés por escuchar tanta queja. Yo sostenía una taza de café, quede viéndola fijamente a los ojos y le dije: "¿De verdad piensas que diciéndote todo eso podrías encontrar comodidad en tu hora de gimnasio?". Recuerdo sus expresiones no verbales, porque de verdad es un tanto cómica al conversar. Sus gestos me recuerdan tanto a toda mi familia, que estaba ahí, disfrutando su discurso tratando de convencerse que no debía continuar con la rutina de ejercicios. Le dije que haríamos un trato, que al día siguiente al asistir al gimnasio, íbamos a hacer prácticas de lenguaje, que cambiaríamos esas palabras a positivo y que en vez de todo ese discurso dijera: "Disfrutaré este tiempo, me divertiré con toda esta gente y mis entrenadores. Dejaré el perfeccionismo y disfrutaré".

Al cabo de una semana, me contactó y me dijo que era asombroso cómo le había cambiado la percepción sobre su hora de gimnasio, que jamás hubiera pensado que algo tan sencillo como transformar el lenguaje le haría disfrutar del ejercicio, y que ahora después de repetirse esas palabras todos los días, simplemente dejó de quejarse y estaba contenta con su entrenamiento diario y en definitiva había dejado el hábito de compararse con los demás, tal que estaba más enfocada en aprovechar y disfrutar ese tiempo.

Pasa a menudo, que algunas personas, cuando hablan de 'trabajar' asocian la palabra con aburrimiento o con obligación. Si asocias la palabra trabajar con laborar o tener la oportunidad de cultivarse, o si asocias lo que haces día a día como una posibilidad de crecimiento, se activa un programa mental de aprendizaje, por lo tanto obtienes los pensamientos de formación e inmediatamente tus sentimientos se proyectan en expectativa, en inquietud, en sed de conocimiento. El comportamiento, por lo tanto será más positivo a diario. Por esta razón es importante escuchar detenidamente tus palabras para saber qué programa mental activan en ti.

Cada vez que doy una conferencia y aparecen esos miedos testarudos, me anclo con mis palabras y me digo: "Estoy feliz de estar aquí. Tengo mucha energía, y lo que siento es lo que transmito en mis conferencias. Desde mi humildad, mi esencia y mi propósito de vida saldrán las palabras correctas para hablarle al público". Esto lo hago porque soy una persona poco estructurada, y cada vez que desarrollo una conferencia no es con un método memorístico, simplemente me permito fluir, y como es mi forma de proceder, improviso constantemente. Para bien o para mal esa soy yo, y es así como me desenvuelvo en todos los escenarios de mi vida. Improvisar es la palabra que predomina en mi estilo.

Tomando en consideración lo anterior, te recomiendo que reemplaces las siguientes palabras y te permitas experimentar qué sientes cuando te las dices.

Cambia...

- "Estoy solo/a" por "estoy disponible". Esto te lleva a una sensación de expectativa.

- "Me sacrifico" por "lo disfruto". Esto te induce a una sensación de plenitud.

- "Estoy encerrado/a" por "estoy protegido/a". Te da una sensación de protección.

- "Estoy en un problema" por "estoy en una probabilidad". Te provee la sensación de oportunidades.

- "Tengo miedo" por "tengo fe". Te proporciona la sensación de paz y sosiego.

- "Estoy viejo/a" por "tengo mucha experiencia". Te crea una sensación de plenitud y orgullo.

- "Vivo en una desgracia" por "estoy en una etapa de cambio". Te promueve la sensación de esperanza.

- "Estoy preocupado/a" por "estoy con esperanzas". Te proyecta la sensación de resolución de lo que te preocupa.

- "Estoy trabajando para vivir" por "estoy laborando para aprender". Te da la sensación de inteligencia.

- "Estoy viviendo en una pandemia" por "estoy viviendo un proceso de cambio mundial". Te encamina a una sensación de vida nueva.

- "Estoy triste" por "estoy en una reflexión". Te ayuda con la sensación de aprendizaje.

Encuentra qué lenguaje limitador estás utilizando cuando quieres cumplir un objetivo. Para esto, escribe cinco palabras que ponen freno en la ejecución del objetivo.

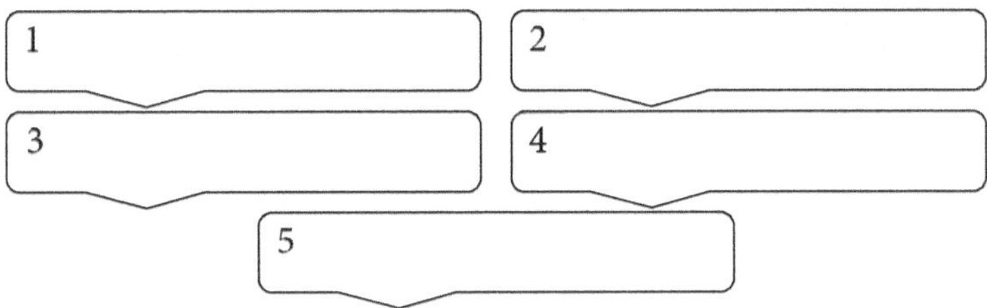

Ya identificadas estas cinco palabras limitadoras, enumera cinco palabras que te potencien, sustituyendo las que anotaste antes.

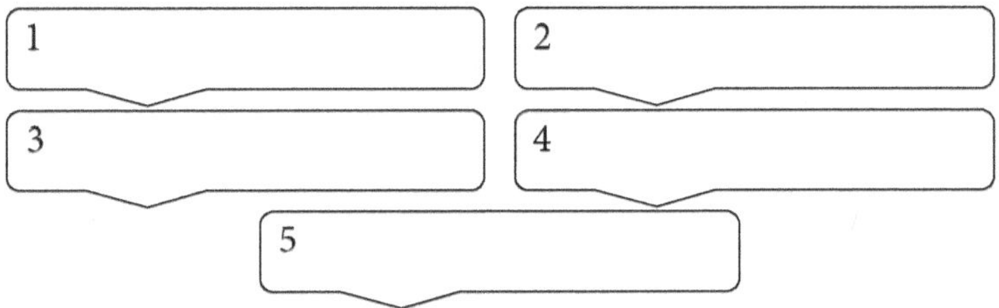

Luego de haber realizado ambas anotaciones, procede a tachar las primeras cinco palabras limitadoras y elimínalas de tu lenguaje para poder quedarte con las cinco palabras potenciadoras.

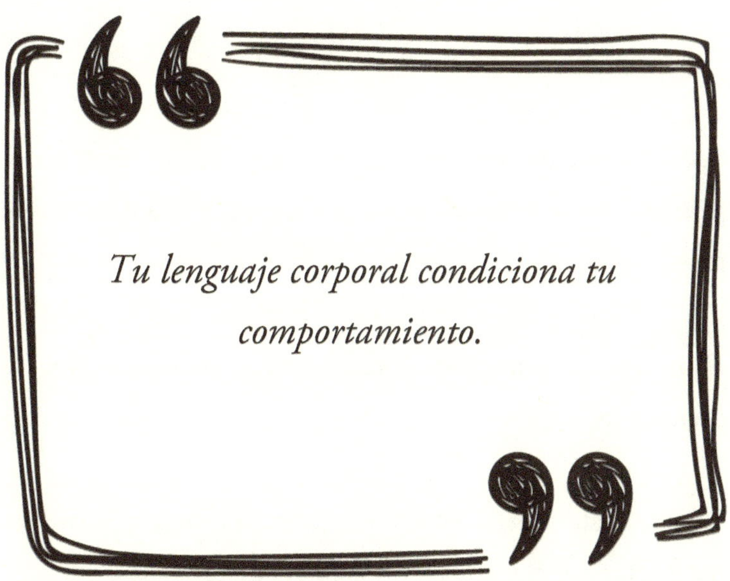

Tu lenguaje corporal condiciona tu
comportamiento.

EL LENGUAJE NO VERBAL

PREGUNTAS CAPCIOSAS PARA LAS DAMAS:

¿Cómo te sientes cuando te pones zapatos de tacones?

¿Qué mensaje le das a tu cuerpo cuando traes tacones altos?

Hombres, ¿qué mensaje le das a tu cuerpo si te sientas de piernas cruzadas?

La respuesta tendrá base en la cultura que la persona se haya criado. En mi caso, los zapatos de tacones me hacen sentir elegante, con poder, alta. Cuando me toca dar una conferencia es casi seguro que llevo tacones puestos. A otras personas, los tacones las hacen sentir temerosas porque tienen la sensación de poder caerse.

En el caso de los hombres, con el tema de las piernas cruzadas, según las encuestas que he hecho, las respuestas son distintas. Algunos han contestado que se sienten finos al hacerlo y eso les brinda seguridad en su personalidad, mientras que otros se sienten afeminados y esa postura les hace percibirse ridículos.

Si observan, son las mismas posturas con sentimientos distintos, según la cultura y la crianza. Lo interesante de este asunto es que puedes utilizar las posturas a tu favor, es una herramienta poderosa que te permitirá de inmediato anclarte a un bienestar.

Cuando estoy a cinco minutos de iniciar mi conferencia, esos miedos testarudos y sinvergüenzas que les mencioné al comienzo de la lectura, salen nuevamente, no me perdonan, decidieron quedarse ahí para hacerme compañía. He sido más astuta que ellos, y les juego la vuelta, me anclo con mi postura, me pongo mis tacones, me visto cómoda, de manera que yo me sienta linda, me regalo el mejor vestido que me provea comodidad y alegría; me arreglo mi cabello de la forma que a mí me brinda seguridad; mi postura la afino, alzo los hombros, respiro profundo, templo mi espalda, cabeza en alto y luego **salgo ante el público sintiéndome fuerte, con un tono de voz adecuado** que refleje conocimiento, sintiéndome merecedora, capaz y suficiente para poder trasmitir mi mensaje.

Descubrí que a través de mi postura corporal podía trasmitir los mensajes que yo quería. Tenía **el poder de persuadir** a mi público de manera positiva.

¿Qué pasaría si yo tengo toda la información en mi mente, sé muy bien de lo que voy a hablar, estudio con exactitud toda mi conferencia y salgo con espalda curvada, hablando con una voz baja, con una mirada evasiva? Puede ser que tengo toda la información, pero qué mensaje le estoy trasmitiendo a mi público: de inseguridad. Las personas no se conectan con el discurso porque estoy en incongruencia, mis palabras no manifiestan lo que mi postura corporal proyecta. Mis miedos testarudos y sinvergüenzas se aplacan de inmediato cuando realizo un cambio en mi postura, e imparto mi conferencia de una manera natural, desde la diversión y la sabiduría; nada mecanizado, permitiéndome equivocarme, brindando la conferencia como una plática normal en una tarde de café con mis amistades.

Pasa lo mismo cuando imparto mis talleres, los alumnos son nuevos, ya que son talleres cortos de dieciocho horas. Cada vez que se abre un nuevo taller a pesar de que los realizo regularmente y manejo muy bien el tema que imparto, esos miedos testarudos se observan a través del comportamiento del estómago, y empiezo a sentir un cosquilleo que al cual creo que ya me acostumbré a sentir, es una inquietud mezclada con adrenalina.

Al entrar a mis talleres tengo mi particular y natural forma de hacerlo. No me presento desde lo tradicional, soy diferente, y me encanta la improvisación espontánea en todos los escenarios de mi vida. Ingreso al podio con alguna bebida en mano, generalmente una exquisita taza de café, porque lo amo de manera enigmática y hechizadora. Me pongo mis tacones altos, me rocío con mi perfume favorito, que me hace sentir renovada, fina, contenta y alegre, con mi postura que me ancla y le juega la vuelta a esos miedos testarudos. Luego cuento un chiste sin presentarme o decir quién soy, o relato una anécdota personal que me genera diversión (practico la sana costumbre de reírme de mí misma), pues lo comparto y desde ahí doy inicio a mi taller con la advertencia rutinaria de que "el que me diga doña Claudia, lo saco del aula". Es válido pedir este tipo de cosas, que me traten de 'doña' me genera un estrés postraumático que deberé trabajarme en algún momento de mi vida (no por ahora). De alguna manera me divierto haciendo reír a los demás con el tema de por qué no me gusta que me digan 'doña'. Tengo 43 años de edad, estoy en la flor de la juventud, no merezco esos nominativos. *¡No nos salgamos del tema!*

¿En qué posición te encuentras en este momento que estás realizando esta lectura? Tu postura corporal, ¿qué te está comunicando?, ¿te hace sentir relajado, disfrutando y al mismo tiempo aprendiendo? ¿Sabías que puedes disfrutar y aprender al mismo tiempo?

Para escribir este libro, elegí varias posturas que me generaran seguridad mientras lo redactaba, que me hicieran sentir elocuente y las palabras fluyeran con facilidad. Vestirme bien, aunque nadie me mire, genera bienestar y esto ayuda con la fluidez al momento de redactar.

Dime tú, ¿acaso no es verdad que a veces, según la ropa o el peinado que llevas te sientes mejor? Pues lo mismo pasa con nuestros gestos y nuestras posturas corporales. Si aprendemos a saber cuáles nos favorecen, cuáles nos dan más poder, cuáles causan más impacto para potenciarnos, estaremos transformando nuestro comportamiento.

Está demostrado que **el lenguaje corporal puede revelar tanta o más información que las palabras**. La conducta no verbal funciona como las *cookies*[12] en Internet: sin darnos cuenta, nuestro cuerpo transmite constantemente información sensible sobre nuestras intenciones, sen-

---

[12] Son archivos que crean los sitios que visitas. Guardan información de la navegación para hacer que tu experiencia en línea sea más sencilla.

timientos y personalidad. Incluso cuando estamos quietos o en silencio. Los gestos, las posturas, las expresiones faciales y la apariencia hablan por nosotros/as, y pueden resultar muy elocuentes.

El lenguaje corporal y la comunicación no verbal cuentan quiénes somos, cómo nos sentimos o cuáles son nuestros gustos. En la interacción, la conducta no verbal informa además de nuestro grado de comprensión y nivel de acuerdo, e incluso puede desmentir lo que estamos diciendo en ese momento.

Por ejemplo:

Una persona te saluda: "¡Hola! ¿Cómo estás?". Y tú respondes: "¡Súper bien!". Acompañado de gestos de tristeza. Notoriamente, tus gestos y tu respuesta están en incongruencia.

Hablar es mucho más que reunir palabras de forma regularmente organizada. Escuchar es mucho más que oír. Y comunicar es mucho más que enviar y recibir información. **Comunicar es compartir información racional y emocional**, poniéndola en común, acordando con la otra persona su significado y valor. Eso no se consigue plenamente sin la intervención de la conducta no verbal.

Evolutivamente hablando, **el lenguaje corporal** nos acompaña desde mucho antes de convertirnos en humanos, está vinculado con la parte emocional, intuitiva de nuestro cerebro, y **se desarrolla principalmente en el plano inconsciente**. De ahí su importancia y también su desconocimiento

Nuestra especie no tiene más de doscientos mil años, sin embargo el origen de nuestro lenguaje corporal se remonta a la aparición de los primeros mamíferos, hace más de doscientos cinco millones de años. La diferencia de edad es abismal. Y aunque la arrogancia nos invite a pensar que la conducta no verbal es la parte más primitiva de la comunicación, en realidad es la que más experiencia evolutiva acumula, y con mucha probabilidad, la más influyente en nuestra conducta.

"La conducta no verbal, las emociones y el inconsciente manejan a su antojo nuestra forma de comunicarnos, y van por ahí contando todo sobre nosotros."

Los gestos, las expresiones faciales son el indicador emocional más potente. En fracciones de segundo nuestro cerebro emocional decide por su cuenta si una cara nos gusta o no. Un proceso en el que inicialmente no interviene la razón, y en el que no hay tiempo para pronunciar ni media palabra.

En la cara se reflejan de manera innata las siete emociones básicas: alegría, sorpresa, tristeza, miedo, ira, asco y desprecio. Cada una tiene su propio código. Aprender a distinguirlas, es imprescindible para usar a tu favor el lenguaje corporal.

Cuando estás en medio de una discusión y la otra persona se empeña en explicarte qué le molesta, tú de inmediato te conviertes en comunicador, ya que estás comunicándote por medio de tus gestos faciales. Si una persona te está manifestando su inquietud y tus gestos son de incomodidad: tu mirada se pierde, bostezas, mueves los ojos. Podrías estar transmitiendo el mensaje: "No me importa lo que me estás planteando", y esta es una de las maneras en que se crean conflictos cotidianos con nuestro entorno.

Descubrimientos muy recientes, revelan que las posturas influyen en nuestro estado de ánimo. Visualmente, la postura tiene también una gran proyección en nuestra imagen personal, sobre todo para transmitir confianza, estabilidad y seguridad.

La apariencia continúa siendo uno de los canales más influyentes de la comunicación, a pesar de los avances sociales en la lucha por la igualdad. El aspecto de una persona nos habla de su edad, sexo, origen, cultura, profesión, o condición social y económica, y otros datos más. La apariencia sigue siendo la principal fuente de información a la hora de formarnos una primera impresión de una persona.

El volumen, tono o velocidad de nuestra voz revela importante información, especialmente cuando intentamos ocultar nuestras emociones. Nos ocurre muy seguido.

Por ejemplo:

Al hablar por teléfono con personas muy cercanas, bastará escuchar su tono de voz al contestar para saber que algo no va bien.

La voz tiene también **una enorme influencia en la credibilidad y la persuasión.** Si pides las cosas con un tono de voz melódico o tranquilo, a la persona le llega ese mensaje de gratitud, muy probablemente tendrás la respuesta que deseas y lo que solicitaste se cumpla. Puede que tus intenciones sean muy buenas pero si tu tono de voz no es el adecuado para solicitar algo que te importa, no lo vas a conseguir.

"El silencio también comunica."

No podemos saber lo que piensa una persona a través de su conducta no verbal, pero el lenguaje corporal nos permite ver cómo se siente, qué rasgos dominan su personalidad o cuáles son sus intenciones, una información que en ocasiones resulta mucho más valiosa que las palabras.

Como ocurre con la comunicación verbal, debemos ser muy precisos en nuestro propio lenguaje corporal, y flexibles en la interpretación del ajeno.

El lenguaje corporal lo podemos utilizar a nuestro favor para transformarnos en minutos.

Expresiones de Poder y Dominio

¿CUÁLES SON LAS EXPRESIONES DE poder y dominio? La socióloga Amy Cuddy, a través de una increíble charla en TED Talks, nos regala esta increíble teoría basada en estudios de la psicología:

Cuando nos sentimos poderosos, incluso cuando solo es momentáneamente, tanto los humanos, como en general todo el reino animal, inconscientemente nos expandimos, haciéndonos más grandes al tomar más espacio con nuestro cuerpo.

Esto pone de manifiesto qué tan universales y antiguas son estas expresiones de poder.

Por ejemplo:
Cuando se gana en el ámbito deportivo y también profesional, todo el mundo levanta las manos hacia

arriba en forma de V y alza también la cara un poco. Esto sucede incluso en las personas invidentes de nacimiento que no lo han podido ver nunca antes en otros y por ende no lo aprendieron.

En el extremo opuesto… ¿qué hacemos cuando nos sentimos impotentes? Exactamente lo contrario, y de igual forma los animales: **nos cerramos y nos hacemos más pequeños, como queriendo pasar desapercibidos, sin molestar**.

Normalmente, si alguien se muestra muy poderoso ante nosotros, tendemos a empequeñecernos. No lo imitamos y hacemos justo lo contrario. Queda evidentemente claro que **la mente puede inducir cambios en el cuerpo**.

Pero… ¿es posible que también el cuerpo haga cambiar la mente?

Para contestar a esto, hay que estudiar las hormonas:
La testosterona, que es la hormona de la dominación y el cortisol, la hormona del estrés. Los estudios tanto en personas como en animales, demuestran que los individuos más poderosos y efectivos tienen alta la testosterona, lo cual es sinónimo de dominación, y poseen bajos

niveles de cortisol, significando que no se ven afectados por el estrés y por lo tanto pueden relajarse.

Así que se han realizado experimentos para ver si existe bidireccionalidad. Demostrar si al igual que cuando nos sentimos emocionalmente de uno u otro modo, adoptamos una serie de posturas corporales características y universales. Si intencionalmente asumimos esas posturas, aunque no nos sintamos como corresponde a las mismas, acabaremos sintiéndonos de ese modo.

Por ejemplo:
Adquirir una postura de poder, y finalmente sentirnos más poderosos como resultado de habernos forzado a adoptar esa postura corporal.

Y lo que se concluye es lo siguiente:
Que sí es posible, y solo se requieren dos minutos.

Adoptar intencionadamente una determinada postura corporal durante dos minutos nos hace finalmente sentirnos y comportarnos del mismo modo que cuando adoptamos esa postura de modo natural e inconsciente.

En solo dos minutos…

La postura corporal hace variar los valores de testosterona y cortisol (muy marcadamente).

Ahora que sabemos que el cuerpo puede afectar a la mente, además que la mente puede afectar el comportamiento y que el comportamiento puede alterar los resultados de nuestra vida, hay quien dice:

"No parece auténtico y no quiero sentirme como un impostor aquí".

Es cuando Amy Cuddy cuenta su historia personal de superación para dar el siguiente mensaje:

No hay que fingir hasta hacerlo, hay que fingir hasta serlo. Hay que hacerlo lo suficientemente hasta transformarse e interiorizarlo.

Pequeños detalles como tu postura corporal pueden llevar a grandes cambio y esto sucede solo en dos minutos

Antes de la próxima situación estresante como una entrevista de trabajo, una presentación o cualquier circunstancia importante en tu vida, trata durante dos minutos de adoptar una postura de poder en privado, ya sea en el ascensor, en el baño, o en tu despacho a puerta cerrada.

¡Configura tu cerebro para lograr lo mejor de ti!
¡Eleva tu testosterona… y baja el cortisol!
Amy Cuddy

Hay un lenguaje que todos comprenden, es el lenguaje del entusiasmo, de las cosas hechas con amor y con voluntad, en busca de todo aquello que se desea o se cree.

\- Paulo Coelho -

◆ *Técnica: El Lenguaje Asertivo*

Esta técnica te la comparto, para que la uses, si así lo deseas en cada momento, porque está ligada al lenguaje y la forma en que nosotros pensamos o decimos las cosas.

¿Sabías que para el cerebro las palabras NO y PERO son muy difíciles de procesar?

Por ejemplo:

En el caso del '**no**'.

Si tú tienes el objetivo de bajar de peso y piensas "**no** debo comer frituras" o si eres de las personas que siempre llega tarde y te dices a ti mismo "**no** quiero llegar tarde", ¿qué es lo que pasa? Al final del día es muy posible que termines comiendo frituras o llegues tarde nuevamente.

Esto se debe a que a nuestro cerebro le resulta dificultoso procesar afirmaciones negativas (**no**), por eso la siguiente vez mejor di "hoy comeré una manzana" y "hoy llegaré diez minutos más temprano", notarás la diferencia.

De igual manera el vocablo PERO nos condiciona a realizar nuestros objetivos y metas porque siempre buscamos una excusa para no hacerlo y de esa manera solo cosechamos fracasos y no éxitos. Lo peor de todo es que lo decimos sin darnos cuenta porque ya es un hábito en nuestra mente

Por ejemplo:

En el caso del '**pero**'.

Las frases como "quiero comer sano **pero** en la tienda solo venden frituras" o "quiero llegar temprano **pero** siempre hay mucho tráfico". Mejor reemplazalas por "quiero comer sano y llevaré una fruta al trabajo" o "quiero llegar temprano y saldré diez minutos antes", verás el cambio positivo que provocas en ti.

En conclusión, **pensar y hablar con un lenguaje asertivo manda señales a la mente de lo que realmente quieres lograr y no así de lo que no quieres.**

"No te dejes atrapar por el sentido literal de las palabras."

Utiliza este ejercicio asertivo de palabras y te darás cuenta que al utilizarlo te cambia la forma en que has visto la vida y por añadidura empiezas a sentir menos temor o menos miedo al momento de decidir emprender lo que tanto quieres.

Por ejemplo:

Cuando vamos al supermercado, si no llevamos una lista detallada de todo lo que necesitamos en casa para consumir durante la semana, ¿qué pasa?, pues compramos cosas de más o compramos cosas de menos, y hasta cosas que no necesitamos. Esto nos genera estrés o una incertidumbre. Si llevas todo anotado en un papel de lo que realmente necesitas, muy detalladamente, será estupendo. Compras todo tal cual anotaste, llegas a tu casa, con todo muy bien organizado y la semana se torna más ligera, el estrés desaparece.

Así pasa con nuestra mente, si nos comunicamos asertivamente con ella utilizando las palabras adecuadas y le decimos detalladamente lo que queremos, empezarán a salir todas esas estrategias que necesitas para cumplir tu objetivo y por añadidura el miedo quedará en segundo plano, totalmente ignorado, dejarás de darle la importancia que innecesariamente le diste en otras ocasiones.

Cuando nos atrevemos a ser nosotros mismos, alteramos el mundo de los que están cerca de nosotros, y por esta razón deducimos que no es natural ser uno mismo.

HÁBITOS Y RUTINAS

HABLANDO UN POCO SOBRE LOS HÁBITOS, algo que mencioné en las primeras páginas.

Si lo meditas, a diario, al despertar, seguramente has notado que tu postura corporal sobre un punto de la cama es siempre la misma, y que colocas la almohada de un lado acostumbrado. Te pones de pie, lavas tus dientes, te vas al baño del mismo modo, cada día sin cambiar nada. Se realiza una rutina automática, luego te arreglas y te alistas, te abrochas los pantalones en el caso de los caballeros, o te abrochas el sostén en el caso de las damas; casi sin darte cuenta que lo haces de modo automático. Te vistes buscando un mismo aspecto, creando la imagen de lo que quieres manifestar afuera. Te colocas los zapatos de manera acostumbrada. Tomas el desayuno en tu lado favorito de la mesa, y comes los mismos alimentos de siempre cuando vas a desayunar.

Siguiendo tu rutina, conduces tu vehículo; al llegar a tu trabajo o al ir a dejar a tus hijos a la escuela, haces lo mismo de siempre. Todo ha sido memorizado.

Luego, a lo largo del día, siempre sabes que harás durante las próximas dos horas, porque tienes un hábito creado, una rutina que te lleva a finalizar la jornada. Llegas a tu casa, cenas, o enciendes el televisor y miras la misma programación que desencadenan en ti las mismas emociones, ya sea de tristeza, de alegría, de ilusión, etc.

¿Por qué esperas que te ocurra algo distinto en la vida si cada día tienes los mismos pensamientos? Actúas de la misma manera y sientes las mismas emociones y los mismos miedos.

Esta situación se podría llamar **rutina** y todos caemos en ella, pero no solo tus acciones son las que se vuelven repetitivas, sino también tus sentimientos y tus emociones (alegría, sorpresa, tristeza, miedo, ira, asco y desprecio). En cierto modo has adquirido el **hábito** de ser la misma persona de siempre, te has esclavizado a las rutinas y a los entornos. Tu forma de pensar va de la mano con tu entorno, y por lo tanto has creado una mente que refuerza tu vida como tu única realidad.

De alguna manera pasa el tiempo y has dejado de controlar tu destino. No luchas ni con la monotonía en la que has caído. Todo se vuelve repetitivo porque así lo permitiste, al fin y al cabo esta es tu vida, a lo que llamas *realidad.*

Lo bueno de todo es que, como tú lo has creado, también puedes salir de ese cuadro mental de la rutina y hábitos que te tiene viviendo las mismas emociones.

Recuerdo haber leído algo que decía que para cambiar nuestra vida tenemos que cambiar la forma de pensar, actuar y sentir. ¿Cómo lo podemos hacer?, ¿cómo me atrevo a cambiar mi entorno y mi rutina?, ¿esto me convertiría en otra persona?

LA BELLEZA DE VIVIR TUS PROPIOS SUEÑOS

ANTES DE PENSAR MÁS ALLÁ de tus rutinas y tus hábitos, vivir lo de siempre, y ser el mismo o la misma de siempre, vamos a recordar una cosa.

El ser humano muere emocionalmente cuando deja de sentirse importante. Si estás viviendo de modo automático, y sientes las mismas emociones, y no sales de ese cuadro repetitivo que te ha envuelto durante años, no hay posibilidad de un cambio en tu persona.

Este tema de los sueños es sin duda uno de mis mensajes favoritos. En mi primer libro 'Revolución Mental', hablo recurrentemente sobre este tema, y relato una corta historia de cómo cumplí uno de mis sueños, lo cual permitió como resultado poder convertirme en la persona que soy ahora. Logré romper los esquemas que me había impuesto la vida diaria, despedacé creencias, cambié mi lenguaje. ¡La palabra 'imposible' la eliminé para siempre de mi vocabulario!

Desde ese día hasta hoy, no soy la misma persona de hace unos tres años atrás, y eso está bien. Me lo permito así, sin definirme, dejando la puerta abierta a nuevas experiencias, nuevas emociones, nueva forma de vida.

Si echamos un vistazo a la historia de la humanidad, nos daremos cuenta que personas como Gandhi, Walt Disney, Simón Bolívar y muchas más que podemos destacar, tenían algo en común, eran hombres que creían en sus sueños firmemente, nada los detenía, eran fuertes mentalmente y no aceptaban un 'no'. El resultado de su empoderamiento fue tan impactante que generaron cambios en la historia, regalándonos un gran legado, creían en un futuro que aunque no lo pudieran ver o sentir aún con los sentidos, estaba tan vivo y tan anclado en su mente que no podían vivir de otro modo.

Estos tres personajes que menciono, se adueñaron de sus sueños, siendo de personalidades muy distintas. Sorprendieron al planeta dejando mensajes de trabajo imparables, de descubrir un propósito de vida, apegándote a él. Día y noche actuaban, caminaban y vivían desde la congruencia de sus pensamientos.

Cuando nuestra conducta coincide con nuestra intención, cuando hay congruencia en lo que pensamos, sentimos y hablamos, todo es coherente en nuestro proceder, y eso hace que detrás de nosotros exista un poder inmenso que nada ni nadie puede detener (ni nosotros mismos).

Muy probablemente, algunas personas de su época debieron tacharles de poco realistas, y para muchos, lo eran totalmente, al igual que sus sueños. Lo que deseaban con sus pensamientos, acciones y emociones no era realista, porque esta realidad aún no había ocurrido. Los críticos también debieron afirmar que su proceder era absurdo y que los negativos tenían razón. La visión de una situación puede ser incierta para quienes no tienen el valor de imaginar, ya que esto va más allá de los sentidos.

"Una realidad puede ser abstracta para los que no se atreven a soñar."

La grandeza consiste en aferrarte a un sueño, no importa el entorno que te toco, tu realidad tú la creas con tus palabras, tus pensamientos que generan una emoción y vivís desde ahí como una verdad absoluta.

Eres el creador de tu vida, de tus sueños, de tus experiencias, no malgastes tu existencia viviéndola de la misma forma, sin experimentar la plenitud de los sueños, de aventuras, de vivencias distintas que te lleven a gozar de este maravilloso viaje que nos han regalado para transcender, evolucionar y aprender. Pero lo más importante: **Conviértete en lo que ya estabas destinado a ser.**

Manos a la Obra

Creación de nuestro yo deseado

Vamos a permitir atrevernos a soñar, vamos a imaginar. Mientras leas estas líneas, permítete solamente imaginar, sin emitir juicios: cómo lo hare, cuándo lo hare, no es posible… y todas esas creencias que vienen a la mente cuando nos atrevemos a hacer algo nuevo o algo diferente.

Vamos a atrevernos a crear ese **yo deseado**, esa persona que siempre quisimos ser y quedó en el olvido simplemente por las tareas diarias, la rutina, las realidades que hemos creado, el correteo de la vida, el qué dirán si soy yo mismo, el cansancio, etc. Olvidemos en este momento todo lo que nos aleja a ser ese **yo deseado** que algún día imaginamos y lo abandonamos.

Te pediré que a continuación escribas aquí o en una hoja de papel, cómo sería tu **yo deseado**. Ahora que ya sabes cómo el lenguaje te puede edificar, cómo una postura corporal te puede transformar, después que hiciste los ejercicios anteriores y descubriste tus habilidades, atrévete a describir y construir detalle por detalle tu **yo**

deseado. Anótalo todo: cómo te miras, cómo hablas, cómo se ve tu postura desde tu imaginación, cómo te diriges a los demás, tu plática interior cómo es, qué te dices cuando te hablas, cómo es tu semblante, qué dice tu mirada, tus movimientos de mano cómo son, tu tono de voz cómo se escucha, cómo quieres que los demás te vean. Descríbelo todo, usa la palabra autenticidad para atreverte a construirte nuevamente, bajo tu criterio propio, bajo tus nuevas creencias.

A continuación, dibuja tu yo deseado. Cómo te ves, hazlo a través del dibujo. Si gustas, puedes ponerle frases maravillosas a este dibujo, frases que te empoderen al leerlas.

Dedica unos momentos a contestar estas repuestas. Si deseas, después repásalas, reflexiona y experimenta qué novedad has encontrado en ti.

¿Cómo es mi yo deseado?

____

____

____

____

¿Cómo pensaría esta nueva persona, mi yo deseado?

____

____

____

____

¿Qué necesito para pensar como el yo deseado creado en el dibujo?

____

____

____

____

¿Cómo sería mi vida si yo fuera como mi yo deseado?

____

____

¿Cómo les hablaría a los demás si yo cambiara?

¿Cómo quiero ser recordado/a?

Técnicas aplicadas en Psicología Positiva

Por Carolina Valerio, Coach de Vida Holística.

Antes de iniciar mi intervención, me gustaría expresarte que me honra poder contribuir a este libro compartiendo parte de lo que he aprendido a través de años en el estudio del comportamiento humano y bienestar de vida.

En este momento de la historia en el que vivimos tiempos difíciles de incertidumbre y cambios, muchos están perdiendo la motivación y el ánimo. Yo decidí estudiar sobre la psicología positiva, esta ciencia nos enseña qué podemos hacer para mantener el ánimo cuando la vida no va como nosotros lo esperamos. Y partiendo de este estudio abordaremos el tema.

La psicología en general es una ciencia relativamente nueva de alrededor de 100 años de existir, pero con tremendos avances científicos en estudios que demuestran cómo podemos mejorar nuestro bienestar de vida a pesar de las circunstancias en las que nos encontremos.

La psicología positiva dice que nacemos todos con cierta predisposición genética para la felicidad, por eso encontramos a ciertas personas que siempre están de buen ánimo, alegres, con expresión natural de felicidad, así como también podemos identificar cierto grupo de personas que siempre están desanimadas, negativas, tristes, personas con tendencia a la depresión. Esta predisposición cuenta con el 50% del factor de riesgo de las depresiones, otro 10% de la predisposición depende de las circunstancias y luego el restante 40% depende de nosotros mismos y de lo que decidimos hacer con nuestra vida.

Está demostrado que si bien es cierto que las personas que tienen una predisposición genética a la depresión son más propensas a sufrirla, estas pueden desarrollar a través de las intervenciones terapéuticas de la psicología positiva habilidades de bienestar de vida que les sirven a más largo plazo que los tratamientos químicos y las terapias convencionales. Con las intervenciones de la psicología positiva.

La psicología positiva fue definida por el Dr. Martin Seligman (de origen estadounidense) en 1999, como el estudio científico de las experiencias positivas, los rasgos individuales positivos y los programas que ayudan a mejorar la calidad de vida de los individuos, previniendo así la incidencia a la depresión y otros trastornos mentales y emocionales.

El bienestar emocional es una destreza en la que nos podemos entrenar y hay estudios científicos que avalan los resultados de las técnicas. Soy una apasionada de estos estudios y más adelante les compartiré ciertas técnicas de la psicología positiva para mejorar nuestro bienestar de vida.

Una de las áreas de estudio de la psicología positiva nos enseña a descubrir qué es lo que valoramos más en la vida, por ejemplo puede ser que valores las relaciones interpersonales, o una relación en particular, o quizá lo que sea de gran valor para alguien sea el aprendizaje continuo, o la aventura, etc. Estos intereses son partes fundamentales de nuestras fortalezas de carácter que aprendemos a identificar en resultados de evaluaciones y podemos utilizarlas para trabajar en torno a ellas las intervenciones terapéuticas para mejorar nuestra vida de manera sustancial.

En psicología positiva, se nos enseña una serie de intervenciones positivas o ejercicios para ayudar a nuestros clientes a mejorar su calidad de vida. Cuando estas intervenciones se hacen ejercitando las fortalezas de carácter de cada uno, los resultados positivos duran por más tiempo, pues son actividades que la persona disfruta más.

¿Es más beneficioso para nosotros enfocarnos en desarrollar nuestras fortalezas de carácter o es mejor enfocarnos en desarrollar nuestras debilidades de carácter?

Estudios han comprobado que los resultados de ambos grupos de personas:

Los que se enfocaron en sus fortalezas de carácter y el otro grupo que se enfocó en desarrollar las debilidades de carácter, por ejemplo hacer una actividad diaria que involucra su fortaleza de carácter y el otro grupo hacer una actividad que involucra su debilidad de carácter. Ambos grupos aumentaron su bienestar de vida, no se encontró ninguna diferencia en el aumento del bienestar de vida en ambos grupos, sin embargo a largo plazo el grupo que se enfocó en su fortaleza de carácter mantuvo su aumento de bienestar por más tiempo. Esto es porque el grupo que trabajó en su fortaleza de carácter disfrutó más el ejercicio y estuvo dispuesto a seguir practicándolo incluso después del tiempo estipulado a iniciativa propia.

Por ejemplo:

Una fortaleza de carácter puede ser el agradecimiento. Una persona que tiene agradecimiento como una de sus fortalezas es alguien que está constantemente consciente de las cosas buenas que le suceden, nunca las da por sentado y los que le conocen saben que sabe agradecer muy bien. Esta es una fortaleza que se puede desarrollar y si la hacemos un hábito de vida mejora considerablemente nuestro bienestar emocional. Contrario a lo que generalmente parecen ser los ejercicios de terapias psicológicas convencionales que bien se pueden comparar con las dietas, es decir, no son muy agradables, toman tiempo, dedicación y disciplina.

Se ha descubierto que varias técnicas y ejercicios de agradecimiento se vuelven adictivas y mejoran sustancialmente nuestros niveles de felicidad.

✓ **¿Qué salió bien hoy?**

El Dr. Seligman, fundador de la psicología positiva generó un ejercicio llamado "¿Qué salió bien hoy?".

El ejercicio consiste en hacer una lista de tres cosas que salieron bien en un día y escribir el motivo por el cual resultaron bien. Todos los días durante una semana, se debe hacer el ejercicio en la noche antes de dormir. Puedes usar un diario o tu computadora para escribir, pero es importante que tengas un archivo físico de lo que escribirás por siete días.

Tres cosas que no tienen que ser enormemente significativas, pueden ser cosas como "mi esposo me trajo mi chocolate favorito de sorpresa hoy", o puede ser algo importante como "mi prima dio a luz a mi sobrino precioso y sano". Al lado de cada evento debes escribir por qué sucedió esto.

Por ejemplo:

Algo tan sencillo como "mi esposo me trajo mi chocolate favorito", escribe a la par "porque mi esposo puede ser detallista algunas veces", y al lado de "mi prima dio luz a mi sobrino", puedes escribir porque ella se cuidó muy bien durante el embarazo".

Escribir sobre por qué las cosas suceden, puede parecer extraño al principio, pero por favor no lo dejes de hacer hasta el final, con el paso de los días se te hará más fácil.

Estos son los niveles de aumento de índice de felicidad que se presentan al practicar este ejercicio:

- Antes del ejercicio 57.1% de felicidad
- Después del ejercicio 58.8%
- 1 semana después de practicarlo 59.9%
- 1 mes practicándolo 62.2%
- 6 meses practicándolo 62.4%

Los beneficios de practicar el agradecimiento son muchos, entre los más comunes destacan los siguientes:

- Disminución de la presión arterial y un sistema inmunológico más fuerte.
- Mayor optimismo.
- Mejor calidad de sueño
- Mejores relaciones.
- Sentirse menos en soledad.
- Aumento de la compasión y empatía.

Pongamos en prueba este ejercicio siguiendo las indicaciones que ya te he planteado anteriormente:

¿Qué salió bien hoy?	¿Por qué salió bien?

✔ La fórmula infalible

Le asigné ese nombre porque realmente es infalible. Cada vez que lo practiques mejorará en algún porcentaje tu bienestar de vida.

Consiste en nombrar diez bendiciones con las que tú cuentes en este momento, pueden ser más de diez pero no menos de diez. Si tú lo practicas cada vez que te sientas desanimado, contrariado o triste, tu estado de ánimo se verá beneficiado después de hacer este ejercicio.

Iniciemos el día de hoy, anota las diez bendiciones con las que conscientemente sabes que cuentas:

1. ____

____

2. ____

____

3. ____

____

4. ____

____

5. ____

____

6. ____

____

7. _______________________________

____

8. _______________________________

____

9. _______________________________

____

10. _______________________________

____

Podemos cultivar nuestra vida para vivir en bienestar, la felicidad no es algo que cae del cielo, el que la busca la encuentra y el que la procura es más probable que la conquiste.

Te invito a continuar esta búsqueda de mejoramiento continuo de nuestro bienestar de vida y la de los demás. Para concluir, me gustaría terminar con un pensamiento de un pensador oriental:

"El que conoce lo exterior es erudito, el que conoce lo interior es sabio, quien se conquista a sí mismo es invencible."

Lao Tse

Tres métodos para reducción de la ansiedad

A continuación, te comparto estas técnicas que te ayudarán a reducir la ansiedad.

✓ **Distracción**

Es importante que pongas atención a tus sensaciones internas, como ser: frecuencia cardiaca, nivel de sudoración. Comprueba que eres capaz de notarlas y fijarte en los cambios.

Utiliza la distracción. Puedes hablar con un amigo de otro tema que no sea el que te esté preocupando en ese momento. Podrías hablar de tu próximo proyecto, de tus sueños, tus planes, cuéntale a esa persona si tienes en mente algún viaje en específico, y cuando menos lo esperes estarás distraído y la ansiedad habrá disminuido.

Si en ese momento no tienes con quién conversar, ocupa tu imaginación y recuerda todos los planes que siempre has tenido por realizar, a corto, a mediano y a largo plazo. Te invito a que los escribas aquí, pon en práctica la distracción:

Planes que tengo a corto plazo (presente):

____

____

____

____

____

Planes que tengo a mediano plazo (durante el año):

____

____

____

____

____

Planes que tengo a largo plazo (a futuro):

____

____

____

____

____

Luego de haber escrito tus planes, ¿cómo te sientes?, ¿te quitaste alguna carga innecesaria de tu pensamiento?

✔ **Respiración lenta**

Los pasos a seguir para llevar a cabo una respiración lenta nos ayuda a disminuir la ansiedad. Son los siguientes:

1. Coloca una mano en el pecho y la otra sobre el estómago.

2. Toma aire, lentamente, y nota cómo lo llevas hacia abajo, hinchando el estómago y la barriga, pero sin mover el pecho.

3. Mantén el aire un momento en esa posición.

4. Suéltalo, poco a poco, hundiendo levemente el estómago y la barriga; de nuevo sin mover el pecho.

5. Procura quedarte relajado y aumentar ese estado de relajación cada vez que expulsas el aire.

¿Lo has hecho? ¿Notas algún cambio o mejoría?

____

____

Es fundamental que esta técnica la manejes bien si te da un ataque de ansiedad, es bueno que la practiques para que te dé resultados positivos si la llegaras a necesitar.

✔ **Autoinstrucción**

Nos ayudará a saber cómo bajar la intensidad de una ansiedad si modificas pensamientos. Este método sirve para reducir el temor a través de mensajes que nos enviamos a nosotros mismos por medio del lenguaje.

Algunos **ejemplos** son:

- Recuerda, ¿qué es lo que estás sintiendo? y cuestiona, ¿es real lo que te estás imaginando?

- Estas sensaciones no pueden causarte ningún daño.

- No luches con las sensaciones. Solo deja que fluya la emoción como te lo decía al principio del libro, no sanes la tristeza, aprende de ella.

- No le pongas lupa al pensamiento, no lo agrandes, no le pongas colores ni sonidos.

- Recuerda que crece lo que alimentas, no alimentes ese pensamiento.

- Anota, ¿cómo te sentirías sin esa sensación que te hace daño?

____

____

____

- Anota, ¿cómo quieres sentirte? Y mientras escribes, deja fluir tu imaginación, nunca se sabe tal vez nace un gran escritor.

____

____

____

____

____

Escribir, definitivamente es una ventilación emocional. Lo que consigues es dejar fluir emociones y de esta manera las identificas, provocando que seas consciente de lo que piensas y autocuestionarte si lo estás exagerando.

"La ansiedad se experimenta cuando anticipamos una amenaza al futuro."

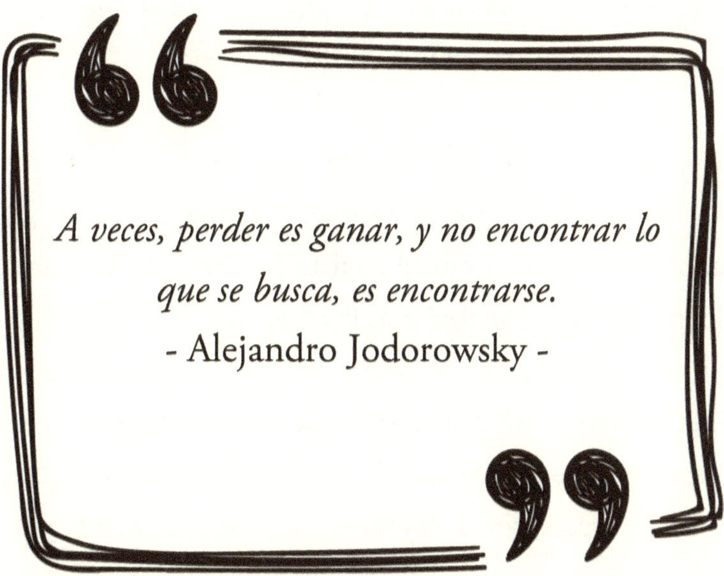

A veces, perder es ganar, y no encontrar lo que se busca, es encontrarse.
- Alejandro Jodorowsky -

Recuerdo cuando era una niña, escribía todo lo que sentía. Pasé muchas soledades, lejos de mi familia en un país donde todos eran extraños y siempre mi escapatoria era a través de las letras. Escribía historias sobre lo que vivía en el día y cómo me sentía y en definitiva esto me ayudó a distraerme de toda la soledad que yo sentía. Sin saberlo utilizaba una de las mejores técnicas para identificar emociones. Tampoco me imaginé que unos años después me convertirá en una escritora.

Hemos llegado al final de este hermoso libro y tu vida continúa. Ahora que ya trabajaste algunas emociones y conceptos, motivo por el cual te felicito ante este gran logro. La vida se sentirá más liviana.

Recuerda que la magia existe y la tienes dentro de ti, esperando a que la tomes y la utilices para transformarte, diseñarte, construirte, las veces que sean necesarias.

Las piedras que se atraviesen en tu camino, tú decides si serán para tropiezo y caídas o si las tomas para construir tu propio castillo.

¡Deseo que te encuentres y hagas de tu vida tu mejor aliado!

Con mucho cariño, ¡gracias!

Índice Temático

¿Quién te dijo que tener miedo era algo malo?	**01**
Lo que aprendí de mi pasado	03
El origen de los miedos	14
Vivimos varias realidades	17
El objetivo de este libro	21
¿Cómo aprende tu mente a tener miedo?	**23**
Nacemos sin miedos	25
¿Mi yo o el yo que los demás quieren?	28
El origen no puede determinar tu futuro	**31**
Cuando tenemos miedo al miedo	33
La niñez tiene una memoria que crea tus creencias	35
La congruencia	**41**
Hacemos propias las palabras de otros	43
La congruencia desde la programación neurolingüística	50
El consciente y el inconsciente	53
Miedo o lenguaje limitador	56
La falta de identidad	**69**
El miedo y la falta de identidad	71
La ansiedad	79
El miedo es una ilusión	88
El lenguaje y sus mensajes mentales	**95**
El poder el lenguaje	97
Cómo tomo consciencia de mi vocabulario	101
El lenguaje no verbal	110
Expresiones de poder y dominio	121
Técnica: El lenguaje asertivo	127
Hábitos y rutinas	131
La belleza de vivir tus propios sueños	134
Manos a la obra	**139**
Creación del yo deseado	141
Técnicas aplicadas en Psicología Positiva	147
Tres métodos para reducción de la ansiedad	156

"Ángel de la Guarda,
dulce compañía
no me desampares
ni de noche ni de día."